RENNES
SCÈNE CULINAIRE

Olivier MARIE

W0210145

Editions Ouest-France & Bretons en Cuisine

Un instant de vies

4 décembre 2006. Ils sont dix-sept. Dix hommes regroupés sur la droite, debout, en veste de cuisine. Sept femmes sur la gauche, aucune en cuisine, légèrement au second-plan. Ils posent dans la Grand'Chambre du Parlement de Bretagne, devant la tapisserie des Gobelin *La Mort* de Du Guesclin. Il y a là Mme Brégeon, M. et Mme Froc, M. et Mme Faby, M. et Mme Duhoux, M. Le Guehennec, M. Gesbert… représentants de restaurants de qualité du pays rennais.
19 septembre 2022. Ils sont vingt-quatre. Quatorze femmes, dont six en cuisine, dix hommes. Tous mélangés, assis, debout, par terre. Aucune veste de cuisine. Ils posent au milieu du Mail François Mitterrand et représentent le collectif Nourritures, signataire d'un manifeste pour une cuisine humaine, durable et en mouvement.

Seize ans séparent ces deux photos des représentantes et représentants de la scène culinaire rennaise. Seize ans qui en paraissent plus de quarante, tant la première semble ancrée dans les années soixante-dix. Il ne s'agit nullement de moquer mais de prendre la mesure de l'évolution de la scène culinaire rennaise. Ces deux photos sont enregistrées sur mon iPhone. J'en suis l'auteur et mesure donc, plus que quiconque peut-être, non pas une évolution en fait, mais une véritable révolution que j'ai accompagnée en qualité de journaliste culinaire.

À l'époque, j'entends encore Loïc Pasco me dire : « Il y a plein de choses que l'on voudrait faire mais nous ne sommes pas à Paris. On ne peut pas se permettre à Rennes : la clientèle ne suivrait pas. » Aujourd'hui, la scène culinaire rennaise n'a rien à envier à aucune ville. Elle est douée, créative, jeune, mixte, solidaire, d'horizons divers, ouverte aux cultures du monde, militante, soutient des paysans, de son temps. Elle va vite aussi. Terriblement vite !

Ce livre n'est pas une monographie de la scène culinaire rennaise, mais une photographie des restaurants choisis, flashée Rennes intra-muros entre mars et juillet 2024. Des restaurants présents dans ce livre seront peut-être fermés à sa parution. Des actrices ou des acteurs de cette scène culinaire seront peut-être partis régaler ailleurs. Ce livre va vite se démoder ? Peu importe. C'est la vie. Celle de la cuisine rennaise en est remplie : elle est virevoltante, enthousiasmante et surtout brillante.

SOMMAIRE

TERRE

Terre de food

Centre, Maurepas, Saint-Hélier, Cleunay, Courrouze, etc. La dynamique du bien-manger est désormais ancrée partout. Des restaurants ouvrent dans tous les quartiers de cette ville d'accueil paysan, déjà quadrillée par une multitude de marchés alimentaires, de *foodtrucks* et traversant les saisons au rythme d'événements food bien joyeux.

FOOD

CARTE BLANCHE À ROMAIN JOLY

LES MARCHÉS

Chef du restaurant Origines, Romain Joly est arrivé sur le tard en cuisine. Dans une autre vie, il était photographe. Photographe de presse pour être plus précis. Avec quelques amis, il a été à l'origine de la création du *Mensuel du Morbihan* puis du *Mensuel de Rennes* dont il a assuré la rédaction en chef du service photo. Il a depuis remisé son Leica et son « Blad » pour des couteaux de cuisine. Mais en affinant ses papilles, le « cuisigraphe », comme il se qualifie sur son compte Instagram, n'a rien perdu de son œil avisé, notamment lorsqu'il s'agit de le poser sur les marchés rennais qu'il fréquente assidûment.

Tout rôti, tout cuit

Le Marché à Manger

Premier *food market* breton, Le Marché à Manger se déploie pour la première fois le 3 juillet 2016, dans la cour des halles centrales. Il y avait là Romain Joly et ses premières tartes au citron ; Loïc Pasco et son burger à l'encre de seiche ; la famille Guillemot, mère et fils, cuisinant des cochons de lait entiers ; Jérôme Jouadé, du Château des Pères, proposant au milieu de la foule une démonstration de cuisine moléculaire ; Étienne Mangerel, alors aux Carmes, noyé sous le succès de ses *fish & chips*, etc. Le lendemain, Ouest-France Rennes titre : « Énorme succès pour le premier Marché à Manger. » Depuis, son succès ne s'est jamais démenti, même s'il est difficile de comptabiliser les visiteurs. Lors de la reprise du Marché à Manger post-covid, nous avions enregistré quelque 5 000 pass-sanitaires.

Séduit par la présence de cuisiniers proposant des assiettes à déguster sur un marché de San Francisco en avril 2011, j'écris quelques mois plus tard dans mon site Goûts d'Ouest (aujourd'hui fermé) que Rennes serait bien inspirée de lancer une sorte de marché des cuisiniers, dans cette même ambiance décontractée… L'idée reste plantée sur ce site sans germer. Cinq années plus tard, Kahina Drider, séduite par « Le Food Market » à Paris, vient me voir pour lancer l'idée d'un *food market* à Rennes. Avec son agence Rennes à Coup de Cœur, elle est au cœur de la tendance rennaise. Moi, je connais les chefs et j'en parle à Franck Maciag, restaurateur et logisticien hors-pair qui gère Les Toqués de Mythos. Je trouve le nom Le Marché à Manger (dont certains se sont plus qu'inspirés comme le « Brest à Manger »), pense que les halles centrales seraient une bonne idée de

LE MARCHÉ À MANGER
We Can Do It!
ChaupShop
THAI
RESTAURANT
BAR & COCKTAIL

lieu avec son côté industriel… Mais, surtout, nous percutons l'envie de la municipalité de faire des halles centrales un nouveau pôle du bien-manger à Rennes. Sans l'appui inconditionnel de Marc Hervé, alors élu au commerce, et évidemment de Nathalie Appéré, maire de Rennes, cet événement n'aurait jamais vu le jour… d'autant que nous n'étions pas franchement les bienvenus à l'époque chez de nombreux commerçants des halles centrales (exception faite de certains et notamment Paul et Marie-Noëlle Renault, la crêperie de l'époque, la pizzeria…). Au départ saisonnier, Le Marché à Manger devient mensuel, sur demande de la municipalité. L'idée est d'accueillir des cuisiniers qui vendent leurs plats à moins de 7,50 € et de valoriser ainsi la gastronomie locale.

Depuis, Le Marché à Manger a invité d'autres scènes culinaires (Nantes à deux reprises, Brest, Vannes, Bruxelles, Côtes d'Émeraude), a dédié des dates exclusivement aux femmes cheffes, s'est transformé en événement zéro déchet, accueille plusieurs jeunes des écoles hôtelières, des quartiers rennais, insiste sur les produits de saison et locaux, offre des plats gratuits aux étudiants, etc. À l'inverse, beaucoup regrettent de ne pas y trouver de places, les queues trop longues, le lieu trop exigu… Le Marché à Manger est un *food market* et n'est pas un *food court*

(avec ses enseignes à demeure et ses bipeurs sur table) et encore moins un restaurant. C'est un lieu vivant où aucune place n'est acquise, où l'on peut manger sur les trottoirs, venir chercher son repas et l'emporter… C'est vivant et c'est surtout un moment précieux pour les actrices et les acteurs de la scène culinaire rennaise qui peuvent s'y rencontrer.

Les Toqués de Mythos

Patron de la guinguette du MeM, co-organisateur du Marché à Manger, Franck Maciag est surtout connu pour être le métronome des Toqués de Mythos. Événement fort dans l'agenda culinaire rennais – 10 jours en avril –, « Les Toqués » existe depuis 13 ans et rassemble chaque année plus de 70 chefs qui envoient près de 4 000 plats !

Comment sont nés Les Toqués de Mythos ?

Franck Maciag : « Au départ le festival Mythos ne proposait qu'un *catering* pour les artistes. Je suis arrivé dans l'aventure en 2008 pour aider. L'année d'après, Maël Le Goff, que je connaissais depuis longtemps, m'a demandé d'ouvrir un espace pour faire à manger aux festivaliers. C'était du *catering* amélioré pour les particuliers. Et puis, c'est monté en puissance, de 50 couverts sous un petit chapiteau jusqu'à 200 couverts sous un *Magic Mirror* en 2010. Là, ça devenait trop juste en qualité. Alors, j'ai eu l'idée de faire faire la cuisine par des chefs. »

Quel est le premier chef à être intervenu ?

Franck : « Celui qui a tout déclenché c'est Yann Paigier de Léon le Cochon. Pas un chef ne voulait venir à l'époque, et quand Yann a dit ok, les autres ont suivi. À l'époque, cela s'appelait « Un jour, un chef ». On a tourné avec 10 cuisiniers la première année. Et puis, je me suis rendu compte qu'un matériel limité nous empêchait d'évoluer en qualité dans l'assiette. En 2013, nous réglons le problème en faisant appel à un fournisseur spécialisé et nous passons à une quarantaine de chefs. »

C'est à ce moment que Les Toqués de Mythos ont pris leur envol ?

Franck : « C'est plutôt en 2014. Là, on explose, en basculant de 5 à 10 jours de festival. On multiplie par deux le nombre de chefs en passant à 70. Il y a deux ou trois étoilés qui viennent, dont Julien Lemarié. La qualité s'améliore vraiment. »

Quel repas a été le plus étonnant à Mythos ?

Franck : « Je dirais celui des 10 ans, confié aux femmes : Virginie Giboire, Flora Mikula et Georgiana Viou. Tout s'est terminé en chenille dans la salle, c'était un grand moment pour moi. C'est un peu cette même année que nous faisons appel à des chefs parisiens et extérieurs à la Bretagne. C'est important pour faire rayonner le festival et la ville de Rennes. Je pense notamment à Vivien Durand, un chef étoilé de Bordeaux qui vient tous les ans et qui est vraiment moteur chez Les Toqués. »

Pépites !

Quartier Maurepas au nord-est de Rennes. Fierté des Trente Glorieuses, l'urbanisme « moderne » des grands ensembles préfabriqués sortis de terre dans les années 50-60 est bien fatigué et fait l'objet depuis quelques années de plans de rénovation. On aère, on végétalise, on tente de redonner de la vie…
Au pied d'un ensemble, à l'entrée du Gros-Chêne qui accueillait il y a peu encore un centre commercial, un café-restaurant témoigne de ce renouveau. On y mange bien, on accueille bien, on intègre bien. Pépites ! porte bien son nom. On sent des gens investis ici, heureux de travailler ensemble, qu'ils soient salariés ou en insertion. Derrière les fourneaux, Anthony Gros, le chef et Salomé Labbé, sa seconde, encadrent d'autres personnes venues collaborer pour un temps. « Celui justement de prendre de l'expérience, de prendre confiance avant de s'envoler vers d'autres aventures culinaires. C'est l'insertion ! » En salle, la joyeuse Delphine Robin a un œil sur tout et tout le monde : les habitants qu'elle interpelle amicalement par leurs prénoms, les clients habitués qu'elle chouchoute, les nouveaux qu'elle accueille avec sincérité. « Oh désolée, je suis complet… mais comme je sais que vous mangez vite, je peux vous proposer cette table qui est réservée à partir de 13h30 ? »
Eh oui, les voisins se bousculent pour manger à Pépites !, pour déguster une cuisine embrassant toutes les cultures, allant des classiques français aux plats méditerranéens, aux saveurs asiatiques ou afro-antillaises…
En entrée, la socca niçoise s'intercale ce midi-là entre une chakchouka ou un gravlax de merlan, alors qu'en plats, la spanakopita grecque côtoie le merlu d'Erquy, pommes de terre au lait ribot, *pickles* de kumquat bio ou le faux-filet frites. Il y en a pour les carnivores comme pour les végés ou les végans avec cette mousse de fraises végane que Salomé cuisine en mixant fruits, feuilles et tiges « qui conservent tout le goût de la fraise ». Ouvert uniquement les midis « et exceptionnellement les vendredis soir lors de soirées animées – foire aux vins, quatre mains, vernissages… », Pépites ! propose des formules entrée-plat-dessert à 17,50 € : « Le meilleur rapport qualité/prix de la ville » d'après Jean-Marie Le Gall, un fin connaisseur des restaurants rennais. On ne saurait tout expliquer en quelques mots tant cette Pépites ! regorge de bonnes nouvelles : il y a des vins naturels, des bières locales avec La Brasserie du Vieux Singe ou encore Tri Martelod, des propositions de contenants pour emporter ses plats sans déchet, un système de caisse solidaire, un *sourcing* aussi local que possible…

Anthony Gros

Cet Arlésien de 36 ans est tombé sous le charme de Rennes avec le marché des Lices. « Un jour, ma femme, qui est bretonne, m'a amené au marché des Lices et cela m'a beaucoup marqué. On est, en plus, pas loin de la mer donc j'ai dit ok pour vivre ici. » Ancien du bistro Rostang à Paris, Anthony est un chef engagé qui se bat au quotidien pour obtenir les meilleures marges auprès de ses producteurs. En cuisine, il gère donc les appros, cuisine évidemment et accompagne aussi les personnes en insertion. « Nous sommes une passerelle. Je forme des gens qui veulent faire de la cuisine derrière et qui ont déjà au minimum un CAP ou une expérience. Ces personnes qui sont sorties du système pour diverses raisons peuvent rester ici de quatre mois à deux ans. » C'est le cas d'Anna, commis depuis un an, qui s'apprête à s'engager dans un nouveau restaurant.

Ouvert aux autres, Anthony s'est tout naturellement tourné vers le collectif Nourritures pour échanger avec ses confrères. « Ce qui m'intéresse aussi c'est le partage de matériel comme récemment avec Graille. Je leur ai emprunté un hachoir pour des pâtés en croûte et eux avaient besoin d'un extracteur. » De façon générale, c'est l'humain qui semble faire avancer Anthony. « Un jour, lorsque j'étais au bistro chez Rostang, nous étions débordés alors que le gastro (il y avait un bistro et un gastro) ne faisait rien... J'ai vu débarquer un gars avec sa tenue et sa toque qui m'a dit, « besoin d'aide ?. » J'ai trouvé ça génial. Ce gars c'était Armand, le chef de Cueillette à Cesson. Il faut absolument que je trouve le temps pour aller manger chez eux... »

Delphine Robin

« C'est un village ici et j'adore discuter avec les gens. Tiens, tu le vois lui, au milieu de la salle ? C'est Nasser. Il fait régulièrement son *call* dans le restaurant. Sur TikTok, il se prend pour le patron du resto ! » Pépites ! doit beaucoup à Delphine. Elle fait non seulement le lien entre la cuisine et la salle, mais surtout entre les gens, pour créer une ambiance des plus conviviales. La Normande semble tout naturellement faite pour ça, passée par des études d'éducatrice spécialisée avant de plonger dans la restauration à Rennes et au Canada. « Et puis, j'ai monté un *foodtruck*, Toque&Cook à Saint-Malo, avec des associés qui m'ont beaucoup appris. Et avec le projet d'Arnaud Fraisse et Laurent Prieur, je voulais réunir dans un même métier le social et la restauration. »

Salomé Labbé

Salomé ressemble à Pépites !. Pas un parcours linéaire, mais une histoire et des expériences riches de sens avant d'arriver en cuisine. « Au tout début du début ? J'étais danseuse professionnelle et coach sportive ! Ensuite, j'ai été animatrice du bien-manger à la MJC de Bréquigny et puis je me suis lancée dans la cuisine. Je suis arrivée ici en tant que seconde, après être passée dans les cuisines du Balthazar et puis chez Ima et Imayoko où je travaillais en tant que pâtissière et où j'ai vraiment fait mes armes. », reconnaît cette amoureuse de la cuisine asiatique.

Reportage

PÉPITES ! • SERVICE !

Graille

Taverne de quartier : c'est écrit dessus. En face de l'école de l'Ille, le CHU dans le dos, à deux pas du centre-ville, Graille, bien implanté dans son quartier de La Touche, a tout pour plaire. Un joli lieu original sur deux étages comme à la maison, flanqué d'une terrasse des plus recherchées avec son caillebotis et ses guirlandes de guinguette. Les soirs d'été, la rue n'est pas trop passante et c'est un vrai plaisir de s'attabler chez Pierre-Yves Robic et son chef Jean-Baptiste Orhant. Tous les deux accompagnés évidemment d'une équipe impliquée comme Manon ou le jeune Victor en cuisine, Hassan et Leïla en salle. Ensemble, ils livrent une belle prestation bistrotière où le produit phare demeure la saucisse (proposée aussi au mètre !) qui en voit de tous les goûts et de toutes les couleurs. Et si vous n'êtes pas très saucisse, vous pouvez piquer dans plusieurs « petites graille » ou une « grosse graille » : viande, poisson, coquillages et plats végé qui ne sont absolument pas laissés de côté bien au contraire. Carte de vins naturels et *crafts beer* pour habiller le tout, sans oublier les cocktails et les spiritueux bretons. Bref, le bistro parfait de centre-ville dans un quartier tranquille avec ses habitués. Pas mieux !

Tu as ouvert à l'écart du centre-ville pour bénéficier d'une ambiance quartier. Les habitants sont-ils au rendez-vous de Graille ?

Pierre-Yves Robic : « Oui. Environ 80 % de la clientèle habite ou travaille dans le quartier. Le midi, il y a évidemment beaucoup de salariés avec Neotoa ou le CHU par exemple, mais également des étudiants en internat et externat qui réservent parfois des tables d'une grosse dizaine, des retraités, des jeunes familles notamment le mercredi midi avec l'école maternelle en face, etc. Le soir, on commence à avoir pas mal d'habitués, comme ce couple de médecins du quartier, qui vient à deux, en famille ou avec des amis et qui prend systématiquement la table en face du comptoir parce qu'ils aiment la vie du lieu. Et il y a encore beaucoup de gens qui découvrent le restaurant, c'est bien. »

Conviviale et consensuelle, la saucisse attire tous les types de clients, non ?

Pierre-Yves : « Elle contribue évidemment à attirer des gens à Graille. Ça plaît à tout le monde, c'est vraiment le marqueur du bistro que l'on fabrique nous-mêmes de diverses façons : cochon canard avec de l'ail confit dans la graisse de canard, cochon poulpe, avec des bardes de Saint-Jacques, des bulots, des moules... On en passe de 30 à 40 kg par semaine ! »

Jean-Baptiste Orhant

Chef de Graille et ami de Pierre-Yves Robic depuis le centre aéré, Jean-Baptiste Orhant, dit JB, est né à Maurepas et a grandi au Rheu. Issu d'une famille populaire, il est particulièrement sensible au coût du restaurant.

« Le rapport qualité/prix m'importe énormément. Tout le travail du restaurateur, c'est d'expliquer les prix. Lorsque je vais au resto, j'essaye d'expliquer à mes potes le prix des choses car ils ne comprennent pas. Ils ne connaissent pas l'origine des produits, le coût de fonctionnement d'un restaurant, le travail qui est derrière. C'est capital de comprendre le prix que l'on a dans l'assiette. Quand tu vois parfois un plat du jour à 9,90 €, pas terrible et avec aucun *sourcing*, bon ok, tu sais pourquoi il est à ce prix-là. Par contre, les galettes à Rennes c'est scandaleux. Une complète pour moi c'est 7,50 €, pas plus. Je viens d'une famille populaire, on ne se faisait que des crêperies en restaurants et mes parents regardaient toujours le prix de la complète.

Ce n'est pas une ville qui est trop chère, c'est le restaurant qui est devenu trop cher du fait de l'explosion du prix des énergies, des produits, du personnel... On doit tout faire aujourd'hui pour que des populations ne soient pas exclues du restaurant et c'est largement le cas aujourd'hui. Le meilleur rapport qualité/prix de Rennes pour moi ? C'est Peska : à 23 €, les assiettes sont belles. Le soir, Origines et Bombance : 35 € entrée-plat-dessert avec le travail qu'il y a dans les assiettes et le *sourcing*, c'est bien vu. »

Victor

« Victor a poussé notre porte un jour avec un plat préparé à base de saucisse et il nous a dit : "Je n'ai jamais fait de cuisine de ma vie, j'ai envie d'apprendre." Il est revenu une deuxième fois avec un autre plat... On a trouvé ça génial et on l'a pris. Il a une vraie volonté d'apprendre. JB a trouvé son padawan et Victor tabasse à fond sur la viande. »

Reportage

GRAILLE • SERVICE !

DESSERTS
VIN AU VERRE
BLANCO
CUVÉE
BLANCS DU MOMENT _ 6€
ROUGES DU MOMENT _ 6€

UNOX

GRAILLE DU MIDI

Bloom Pop

C'est le projet de vie de deux passionnés de cuisine, de bière et de musique, aux convictions fortes sur le social. Un couple dans la vie et dans les affaires. Anouck et Jérémy Méléard-Soller ont pensé et réalisé Bloom Pop avant d'animer ce *brewpub* lumineux dans le nouveau quartier de La Courrouze à l'est de Rennes. *Brewpub* ? « C'est un lieu où l'on brasse de la bière et où l'on mange en faisant des liens entre la cuisine et la bière, », *dixit* Anouck aux commandes de la cuisine avec son équipe, laissant Jérémy au brassage.

Ouvert avec sa grande terrasse sur le parc menant au pôle éducatif Simone Veil et, plus loin, vers l'Antipode et Cleunay, Bloom Pop s'est construit, en quelques mois à peine, une belle personnalité avec ses fresques de *street-art*, ses espaces conviviaux ou plus *cocooning*, son baby-foot, son coin enfant... On s'y sent bien, c'est une évidence et d'ailleurs, tout le monde, quel que soit son âge, étudiant comme retraité, pousse ses portes. Et l'on s'y régale d'une cuisine maison fondée sur des producteurs locaux, plutôt orientée *streetfood* (*smash* burgers, focaccia, falafels...), avec des plats du jour créatifs le midi, des assiettes inspirées de l'Inde en soirée, des pâtisseries et autres gourmandises sucrées toute la journée... L'offre bière n'a rien à envier à cette belle carte de plats. Bloom Pop attaquera bientôt son cinquantième brassin, soit près de 50 000 litres de bières aussi diverses que délicieuses : lager, ale, saour, kölsch, ipa, neipa... Il y en a pour tous les bons goûts ! 12 bières à la carte et une vingtaine de recettes de bières différentes déjà réalisées.

Bloom Pop est tourné vers son quartier ?

Anouck Méléard-Soller : « La Courrouze Cleunay, c'est vraiment notre quartier. On attire aussi du côté du pont de Nantes et de bien au-delà grâce au métro. Le midi, ce sont vraiment des gens qui travaillent dans les alentours. L'équipe de l'école vient tous les vendredis soir, les parents d'élèves arrivent petit à petit pour les goûters en fin de semaine. On a aussi des étudiants du côté de la rocade. Beaucoup de gens du quartier, et hors quartier, viennent le soir, pour les *events* que l'on organise. Et puis, lorsqu'il y a un concert à l'Antipode, on est sur le chemin… On veut vraiment être une destination pour toutes et tous. On a des mamies qui viennent prendre le thé et récemment, on a même eu un groupe de randonneurs qui a débarqué à 50 !
Les gens se sentent bien, on les accueille bien avec notamment Sarah ou Ben au bar… Et il y a de la place. »

Et à table ou pour un encas, il y a de quoi se régaler !

Anouck : « Oh oui ! Au début, on a misé sur le côté *street food*, tout au bipeur sur table avec service au passe… Ce n'est pas approprié pour le midi car les gens restent à table et en plus ce sont des gens qui veulent du changement sur la carte. Donc, le midi, on est passé sur un menu du jour. Le soir, on est sur une offre *street food* avec partout des propositions végé et végan. On monte en puissance sur la cuisine. Toute l'équipe, avec notamment Justine la seconde, Chloé plutôt en pâtisserie, on se challenge en faisant nos propres pâtes fraîches, nos bocaux, notre ricotta, notre fromage paneer… Nos naans sont roulés ici, nous faisons la foccacia avec notre propre levain… »

Avec toujours un fil conducteur, la bière…

Anouck : « Les gens ne vont pas manger que des plats à base de bières évidemment, mais on la retrouve dans différentes parties de la carte. Soit c'est explicite, soit plus discret comme les drêches que l'on met dans la sauce du burger. On fait nos jus de volaille à la bière, des gelées, les risottos également… On va chercher des goûts que l'on n'aurait pas autrement. Toute l'équipe se prend désormais au jeu. Toutes les semaines, nous organisons un brief cuisine. On regarde ce qu'il y a à la carte des bières. Comme cet été avec une bière cerise-romarin : nous, on avait pensé à une recette juive de soupe de cerise au vin et crème aigre. On l'a donc adaptée en intégrant la bière. »

Louise

« Nous ne sommes vraiment pas loin du centre, mais il faut passer le pont Saint-Hélier et c'est symbolique pour beaucoup, ça en arrête plus d'un. Le pont, ici, c'est comme le périph' ! » La voie ferrée derrière nous, on a bien quitté le quartier Saint-Hélier pour se retrouver tout au nord du quartier Sainte-Thérèse Quineleu, malgré la présence imposante de l'ancienne brasserie… Saint-Hélier en face de la terrasse. Louise est donc un vrai bistro de quartier avec l'église, la supérette, la pharmacie, l'école à deux pas… Pas encore un village, mais des habitués et des voisins en nombre. Benjamin Massé, le patron, s'en félicite d'ailleurs. « Oui, on a les voisins et des gens de tous les âges. Récemment, on a quand même eu la doyenne de 101 ans qui est venue manger ! » Ou encore, des couples de la soixantaine, les copains du palet qui jouent parfois sur le mail Louise Bourgeois…

Tout ce beau monde, en sus des amoureux de la culture attirés par la galerie d'art attenante, a bien raison de venir s'attabler chez Louise car l'ambiance y est des plus sympathiques et les assiettes, du midi comme du soir, comme il faut : burrata, carottes, miso et café en entrée un midi de printemps ; échine de porc, épices et crème champignon ou fregola sarda en risotto légumes de saison en plat… Les jeudis et vendredis soir, les désormais classiques assiettes à partager font leur apparition comme pour appuyer sur cette convivialité qui fait tant de bien. « L'identité de la cuisine a toujours été le bistro avec des plats gourmands et systématiquement un végé, confirme Benjamin, et en vins on est plutôt nature, même si nous ne sommes pas des extrémistes en la matière. »

Benjamin Massé

« Moi, je suis un autodidacte pur. Je viens du monde de l'art plastique, de l'art du *design*. Je suis Rennais depuis une dizaine d'années et j'ai depuis toujours une grosse passion pour le restaurant. Nous sommes deux associés dans le restaurant et dans l'agence de communication graphique attenante, We Are Blow. Alors, lorsque l'opportunité de reprendre le kebab-pizza s'est présentée fin 2022, je n'ai pas hésité. Et j'ai appris la cuisine sur le tard.... En étant ici, on voulait s'ouvrir sur la ville. Nous partageons notre passion de l'art dans le bistro... Si l'on peut nourrir les âmes comme les ventres, c'est bien aussi... »

Joséphine Schunder

Comme le dit joliment Benjamin Massé, « c'est Joséphine qui tient la maison. » En salle, on retrouve donc le savoir-faire et le sourire qui fait du bien de Joséphine Schunder, ancienne de Vit'Vapeur ou des Grands Gamins. « Je suis ici depuis décembre 23, j'habite juste à côté alors vraiment le bistro, je le vis moi aussi comme une voisine. »

Natashquam Rivière

Au chaud en cuisine avec Benjamin, l'autre barbu à lunettes, c'est Natashquam Rivière (oui, un prénom québequois). Si vous aimez la musique indé, sa frimousse vous dit sûrement quelque chose puisque « Natash » fut cuisinier du Jardin Moderne pendant dix ans, après avoir tenu des années durant le magasin de disques Switch, rue Saint-Michel. Même si son goût prononcé pour l'électro dur ne fait pas l'unanimité dans l'équipe, il participe, comme tout le monde, à la playlist très « indé » hip-hop, pop et rock, de Louise.

AVIS DE RENNAIS

Anne-Marie & Jean-Marie

Si leurs visages vous disent quelque chose, c'est que vous les avez déjà croisés à Rennes... Anne-Marie Burban : peut-être à l'école maternelle des Gantelles où elle enseigne ? Jean-Marie Le Gall : au Conseil Régional ou dans une autre structure où ce chef de projet Web intervient ? En fait, s'ils vous disent quelque chose, c'est que vous les avez plus probablement croisés dans un restaurant ou une cave à manger de la ville. Anne-Marie et Jean-Marie sont des passionnés de cuisine et de vins, de fins observateurs de la chose culinaire, au regard affuté et à l'avis souvent très juste.

Vous fréquentez les restaurants depuis longtemps ?

Anne-Marie : « Chez nous, quand j'étais petite, on faisait un restaurant dans l'année, pendant les vacances d'été, et c'était un étoilé. On avait le droit de tout manger ! Mais pas le menu enfant. On avait le droit de prendre un vrai menu et on goûtait de tout, du homard, du caviar... Et puis ma mère cuisinait très bien avec plein de produits. »

Jean-Marie : « Alors, nous, on allait souvent au resto mais je n'ai pas le souvenir d'avoir fait un étoilé de toute mon enfance. J'ai peut-être fait mon premier étoilé à 40 balais ! Non, nous, c'était la famille de camping-cars. Du coup, avec ma sœur, ce que l'on aime depuis ce sont ce que j'appelle les bouis-bouis. Des adresses populaires, authentiques, qui sont là depuis longtemps et qui se sont éventuellement passées d'une génération à une autre. »

Plus pour l'ambiance que pour la qualité des produits alors ?

Jean-Marie : « Je vais chercher une ambiance oui, mais il faut que ce soit quand même bon. Je pense par exemple au Charly, avenue Patton. C'est vraiment un resto de quartier : papa en cuisine, maman en salle, tu as l'impression d'être à Cintré ou Montgermont. J'aime beaucoup les routiers aussi, parce que le rapport qualité/prix est bon. On n'a pas de supers bons produits, mais on a des gens qui cuisinent depuis 40 ans et c'est forcément bien fait ! J'aime le mélange des populations. J'aime bien ne pas manger qu'entre bobos et son verre de vin nature... Je me souviens des Pigeons Blancs à Saint-Jacques de la Lande. Je pousse la porte un midi, et la patronne me dit « je vais vous mettre dans la partie col blanc » parce que je portais ma chemise, je sortais du boulot. Non, ça me fait chier la partie moquette un peu feutrée. Moi je veux être dans la partie col bleu : je veux le buffet des entrées, le museau vinaigrette, la piémontaise. Je préfère la tête de veau et frites au magret de canard ! »

Vous êtes plus bistro ou gastro ?

Jean-Marie : « Bistro. Moi, les ambiances feutrées m'ennuient. Et ce qui me pose problème, c'est le rapport qualité/prix. C'est souvent trois fois plus cher, mais je ne pense pas que ce soit trois fois meilleur. »

Anne-Marie : « Là, nous ne sommes pas d'accord. Moi, je pense que cela le vaut. J'ai un vrai plaisir à aller dans les restaurants gastronomiques. Je trouve ça exceptionnel. Je cuisine beaucoup et j'aime m'attabler dans des endroits où la cuisine m'emporte. »
Jean-Marie : « Je reviens sur cette notion de rapport qualité/prix et juste un petit mot pour critiquer cette tendance à ne pas proposer les prix des vins. Cette fausse convivialité où on va te servir un verre sans te donner les prix. Il faut arrêter avec ça ! »

Comment percevez-vous l'évolution de la gastronomie rennaise ?

Jean-Marie : « Pendant dix ans, on avait Le Café du Port et Le Tire-Bouchon. On avait des choses osées, des prises de risque et les clients jouaient le jeu. Je me souviens de ce tartare de cheval ou de la fraise de veau et des abats à l'Arsouille. Peu d'adresses mais avec de la personnalité. Aujourd'hui, on a évidemment beaucoup plus de choix ! »
Anne-Marie : « Moi, je trouve que ça va vraiment vite ! Maintenant, il y a énormément de choses différentes avec de vraies belles identités : Pénates, Fezi, Peska... Tu ne peux pas dire que tu n'as pas le choix. »

Quels sont vos coups de cœur à Rennes ?

Anne-Marie : « Fezi ! C'est probablement notre plus belle découverte. Surprenant, créatif, jamais la même chose. Et nous ne sommes pas de l'entre-soi du tout ; il y a là-bas tous les styles de clientèle. »

Jean-Marie : « Je suis sensible aux personnes en salle et je trouve qu'Elsa Chez P'tit Louis est une professionnelle incroyable. Elle est tellement juste. Lorsqu'elle était Chez Paul, c'était un vrai robot : elle observait tout sans que tu le ressentes. Toujours souriante ! La Petite Ourse, c'est vraiment toujours très bien. »
Anne-Marie : « ... Origines ou Le Bocal, tu as un bon accueil, c'est chaleureux. C'est toujours bien fait et ça plaît à tout le monde. »

Qu'est-ce qui vous manque à Rennes ?

Jean-Marie : « Moi, il me manque un peu de Maghreb, un bon couscous... »
Anne-Marie : « Mais même les fruits de mer, un bar à huître de qualité, tu n'en as pas ici. Aux halles de Quimper, tu as ça. Des mange-debout, un muscadet à température... Simple et bon. »
Jean-Marie : « Ah et puis depuis la fermeture de Rewined je suis SBF : Sans Bar Fixe. On va un peu à Graille car le vin est bon et il y a une grignoterie de qualité. On arrive à un âge où il faut que l'on mange en buvant. On ne peut plus boire pendant des heures en mangeant des cacahuètes. »

Passages

Au sud de la Vilaine, filant de la verte Prévalaye à l'ouest jusqu'à la cité judiciaire à l'est, le quartier Cleunay-Arsenal Redon accueille, lové dans la courbe de la voie ferrée, un lieu atypique à la personnalité bien marquée : Les Ateliers du Vent. Ici, dans cette ancienne usine à moutarde Amora® bâtie en 1927, cernée d'habitations, un collectif d'artistes multiplie les projets et, depuis 2016, un restaurant régale artistes et habitants. Après Romain Joly et d'autres chefs, ce sont aujourd'hui Pierre Le Régent et Hugo Momus qui sont aux affaires gourmandes. Le restaurant s'appelle Passages et il mérite que l'on enfourche son vélo pour aller y déjeuner et dîner, dans un cadre très industriel ou sur une terrasse sympathique. Car la marmite est bonne chez Passages, comme cette

saucisse de veau en brioche à la moutarde de Meaux. La cuisine de Passages s'appuie sur les savoir-faire combinés des deux compères plutôt doués : l'un au chaud, Hugo Momus passé notamment chez Double Dragon à Paris ; l'autre aux entrées et surtout aux desserts puisque Pierre Le Régent sort de chez le pâtissier Laurent Le Daniel. Ils sont très bons et créatifs ces deux cuisiniers, surtout lorsqu'il s'agit d'envoyer des plats végétariens comme cette patate douce à l'amande et sa cornette poêlée, piment. Dans l'assiette, l'ensemble paraît presque anodin mais en bouche, les associations de goûts se révèlent sacrément pertinentes. Bravo !

Comment êtes-vous arrivés aux ADV ?

Pierre Le Régent : « Les ADV cherchaient à externaliser le restaurant en sous-location. Il fallait une cuisine abordable, notamment pour le quartier, et on leur a proposé une formule dédoublée : table avec menu le midi, du mardi au vendredi ; snack en parallèle des midis au bar ou à emporter. »
Hugo Momus : « Les deux formules permettent de toucher un plus large public. C'est un restaurant et des formules qui nous ressemblent. »

Pas facile néanmoins de jongler entre restaurant classique et snack ?

Hugo : « C'est un joli terrain de jeu où donc on doit sortir des formats différents tout le temps. Table, snack, privatisations, soirées spéciales… Cela nous oblige à réfléchir en permanence, c'est énergivore et mentalement, c'est parfois compliqué ! Mais on ne s'ennuie pas. »

Une cuisine où le végé est important…

Hugo : « Sur tous nos plats, on part d'une base végétarienne et l'on ajoute un supplément sur les produits carnés. C'est une démarche qui nous tient vraiment à cœur, qui correspond à notre éthique, qui nous ressemble et cela nous permet de ne pas monter trop haut sur les tarifs pour accueillir le plus grand nombre. Et puis, en légumes, on a tellement de bons producteurs que cette source est inépuisable ! »

Désordre

Cécilia & Donovan

Deux salles, deux ambiances. La salle du midi et celle du soir. Chez Désordre, on n'aime décidément pas ce qui est bien rangé. Pas question par exemple de retrouver, dans un même lieu, un service identique le midi et le soir. Ce sera donc restaurant le midi, avec ardoise classique où l'on est servi à table, et bar le soir, avec quelques grignotages (camembert rôti, *dips, chicken wings*, terrine...) pour accompagner les cocktails de Donovan Briand et les belles bières locales (Sauvage, la Bizhhh, la Dilettante) sur le set d'un DJ, un Drag Show, un Stand Up, etc. « Le soir, il faut venir chercher son assiette directement au passe. » nous dit Cécilia Le Perchec qui, en cuisine, forme un duo intéressant avec une tête connue des Rennais, Atys Pilot qui œuvrait, il y a peu encore, aux P'tits Potes, rue Vasselot. Intéressons-nous davantage au midi donc et à cette cuisine de cantine bistrotière envoyée à quatre mains avec quelques bons produits cachés derrière. Généralement, un plat de pâtes (trucioli, courge trompe en trois textures, tomme à l'ail et basilic par exemple), obligatoirement un plat

végétarien (julienne, crème de céleri, sarrasin pilaf en passant ou encore, ce risotto de fregola sarda, carottes glacées, pistache et ail des ours), une viande (poitrine de cochon confite au soja, purée de pommes de terre, jus corsé et chips de légumes), un poisson. Pour les desserts, Désordre peut compter sur l'élégance et le savoir-faire en pâtisserie d'Atys Pilot qui envoie des choux bien addictifs comme celui au citron, *lemon curd*, segments de pamplemousse et orange et meringue.
Et puis, il y a cette salle vraiment réussie. Une ambiance rock'n'roll où l'on sent bien les proprios fans des Strokes, du hip-hop, de Blondie, des Black Keys, des Ramones...
« Ici, il n'y a pas de cohérence globale mais des références partout : à la cuisine, à la musique, à la pop culture... » C'est Donovan qui le dit et c'est ce qui pouvait arriver de mieux au rez-de-chaussée du 22 de la résidence Ô&Baud dans un quartier qui sort de terre et manque encore singulièrement d'âme.

Comment es-tu arrivée dans la cuisine, Cécilia ?

Cécilia Le Perchec : « J'ai toujours aimé la cuisine. J'ai baigné dedans, mon grand-père, qui était d'origine italienne, était serveur dans une grosse brasserie à Versailles. Il adorait manger et dégustait d'ailleurs ses pâtes directement dans le saladier et pas dans des assiettes ! J'ai grandi dans le Finistère et débuté dans la cuisine à Brest, à La Bulle, une ancienne brasserie plutôt haut de gamme, avec du produit. Après, j'ai un peu erré... Je savais que ça bougeait beaucoup à Rennes dans la bonne cuisine, alors je suis venu. Je me suis dit que je ne resterai pas, mais en fait, je reste ; j'adore Rennes. Il y a beaucoup trop de belles choses qui s'y passe pour quitter la ville. »

Tu es passée par quels restaurants à Rennes ?

Cécilia : « J'ai été cheffe à Mojo, la boîte d'escalade, pendant 3 ans. Je voulais ensuite retrouver un univers de cuisine en fait. Je connaissais Antoine de Cocagne qui m'a présenté Max et là, on a fait un vrai duo en cuisine pendant deux ans. Et puis, l'envie de monter une affaire... Taï, de Chawp-Shop, nous a mis en relation avec Donovan qui cherchait quelqu'un en cuisine pour son projet. Nous nous sommes associés. »

Bánh Bánh

C'est un délicieux petit tuk-tuk vert et jaune qui se faufile dans les rues de Rennes et des communes alentours. Bánh Bánh, de Céline Phan Kim, est venu grossir en 2022 le parc rennais d'une vingtaine de *foodtrucks*, qui fait désormais partie du paysage culinaire de la *street food* rennaise. Trop souvent portée par le burger, cette cuisine ambulante nous réserve parfois des surprises comme avec Bánh Bánh justement.

Quel est ton parcours, Céline, avant de te poser à Rennes ?

Céline Phan Kim : « Je suis née à Bobigny en 1993. Mes parents sont des immigrés vietnamiens tous les deux. Un père qui a grandi au Cambodge et qui a dû partir lorsque les Khmers Rouges sont arrivés et une mère qui a quitté le sud Vietnam lorsque les communistes sont arrivés au pouvoir. Ils se sont rencontrés à Paris et me voilà ! »

Ce sont eux qui t'ont donné le goût de la cuisine ?

Céline : « Ils n'étaient pas du tout dans ce milieu mais en fait, chez les Asiatiques, l'amour passe par la cuisine. Chez nous, on ne se dit pas de mots doux, on n'est pas trop tactiles mais tout passe par la cuisine : on mange beaucoup ensemble et on se fait beaucoup à manger les uns pour les autres. Au départ, j'ai fait des études de commerce pour faire plaisir à mes parents, mais je savais que je viendrai un jour ou l'autre à la cuisine. »

Il est arrivé quand ce moment ?

Céline :« À un moment difficile de ma vie, je me suis rapprochée du bouddhisme. J'ai découvert une cuisine végétarienne, parfumée, goûtue, équilibrée. Étant moi-même sensible à la préservation de l'environnement, je me suis dit que cette cuisine était faite pour moi et je l'ai pratiquée en silence dans un monastère bouddhiste. C'était une belle histoire… Et puis, lors du Covid, il y a eu beaucoup de racisme envers les « asiats ». Je l'ai mal vécu, je voulais faire quelque chose pour pallier ce racisme et montrer que l'on peut manger asiatique avec des produits de qualité et pas forcément industriels. Je voulais arrêter ce mépris et montrer une cuisine familiale, du cœur. »

Et pourquoi un *foodtruck* ?

Céline :« Dans cette mission pour rendre plus "sexy" la cuisine asiatique, je me suis dit qu'il fallait un véhicule qui offre une expérience autre, qui sorte de l'ordinaire, qui soit beau. D'où le tuk-tuk coloré que j'ai imaginé avec une designer et que j'ai acheté en Italie. Et je me suis lancée à Rennes, arrivée dans cette ville que je ne connaissais pas… grâce à l'amour ! »

Tu te lances donc en 2022 avec Bánh-Bánh. C'est facile de s'installer en *foodtruck* ? Les gens adhèrent rapidement à ta cuisine ?

Céline : « Non, pas franchement. Il y a beaucoup de *foodtrucks* et peu d'emplacements au final. Et lorsque j'ai démarré, les gens voulaient des nems ou des rouleaux de printemps… Il a fallu que j'explique ma démarche, mes tarifs un peu plus chers car je fais appel à des producteurs de qualité comme la ferme de Quincé… Au début, je

proposais du 100 % végé, mais c'était trop compliqué et donc j'ai intégré un choix de viande parmi mes quatre banh-mi et mon plat du jour. »

Quelles sont tes spécialités alors ?

Céline : « Des banh-mi avec une baguette élaborée avec un boulanger rennais, un pain brioché moelleux à l'intérieur et légèrement croustillant à l'extérieur. À l'intérieur, je mets des légumes évidemment avec, par exemple, du tofu frit et sauté à l'ail et soja ou alors de la protéine de soja texturée que je réhydrate et sers avec de la citronnelle. C'est parfumé et délicieux. »

POLITIQUE

La politique est dans l'assiette

Militante, écolo dans l'âme, ouverte sur les autres, reflet de la société et bien de son temps. Ainsi va Rennes… et ainsi va sa cuisine ! La scène culinaire rennaise a fait sa révolution, encore plus proche des paysans voisins, plus respectueuse, plus humaine, plus féministe, plus végé, parfois végane. Elle n'a jamais été aussi engagée et aussi vivante !

ASSIETTE

Origines

« On ne fait pas de politique, sinon celle qui est dans l'assiette. » Et c'est peu dire que l'assiette de Romain Joly et son équipe à Origines est engagée. Pas une assiette de repli sur soi, mais une assiette d'ouverture vers les autres, et surtout portée par une armée de paysans locaux des plus vertueux : ferme du Gros Chêne, Les Trognes, ferme Pradenn, Annie Bertin, etc. Dans l'ancien Hôtel-Dieu au nord de Rennes, en attendant de déménager dans la partie haute de l'ancien cloître de part et d'autre de la chapelle, l'équipe du bistro et de la micro-brasserie (il y a également une structure d'escalade adossée à l'ensemble) régale. Une cuisine intuitive qui s'affine avec les saisons. Certains plats deviennent des habitués de la grande ardoise posée entre les tables. « On aime de plus en plus les récurrences : cela nous permet de poser les choses, d'être plus justes. » C'est le cas par exemple de cette croquette de tête et pied de cochon sauce ravigote, de la pavlova évidemment, goûtée récemment avec une crème montée fraises et glace au thym. Et puis des fulgurances, comme cette focaccia au levain, pastrami, skyr à l'ail des ours, arrabbiata de betterave et câpres. Les saucisses, qu'elles soient de bœuf Angus, de jambon au fenouil ou de bien d'autres surprises, sont toujours percutantes et gourmandes. Romain Joly peut compter sur une équipe en cuisine toujours plus pointue et spécialisée sur des techniques. Bref, la dynamique portée depuis le début par l'ancien photographe de presse, toujours agile en images avec son iPhone, paye chaque année davantage.

Et donc la politique dans l'assiette ? Ah oui, laissons-lui le dernier mot : « Quand tu vois des gens qui commencent à plisser des yeux devant la carte car ils ne comprennent rien aux produits ni aux appellations, des gens qui ont mis un peu les pieds là par hasard… Et bien, si au moment de partir, ils s'arrêtent et te disent : "Oh, on ne comprend pas tout, mais le pain est bon, c'est plein de saveurs, on a aimé plein de choses…", tu les auras peut-être convaincus de consommer différemment. Peut-être qu'un jour ces gens, grâce à cette expérience, ils iront sur un marché, pousseront la porte d'une ferme ou d'un artisan pour acheter un jambon autre qu'une tranche bien rose sous cellophane… Et là, ce sera gagné. »

Quelle cuisine demain pour Origines ?

Romain Joly : « J'ai envie d'aller encore un peu plus loin en cuisine. De monter en gamme sur l'assiette, de proposer une cuisine plus répétitive donc plus précise. On arrive maintenant à structurer des choses avec l'équipe, plus propres, plus calées. On a, par exemple, désormais un cahier de recettes partagé en ligne entre tous les salariés, on met

en place des protocoles de recettes. J'aime ce côté un peu plus pâtissier de la cuisine. Sans jamais brider la créativité des uns et des autres. Chez nous, on a des gens qui ont davantage d'appétence pour les protéines, les fermentations, les déshydratations, les fermentations en sucres.... Moi, mon rôle est de rassembler tout le monde et de faire une carte. En essayant de rester accessible, sans faire du turbot tous les jours. Je veux travailler des produits de A à Z, c'est important pour moi. C'est ma façon de militer. J'aimerais enfin aller chercher un meilleur équilibre économique, où tout le monde est bien payé. »

La Highland arrive !

Aulne Sauvée, de la ferme Pradenn, vient de se garer sur le parking-chantier derrière Origines. « C'est bon, le bœuf est là ! » lance François à Romain. Ils ne seront pas trop de trois pour transporter le quart de bœuf Highland commandé à l'éleveur de Melesse.

« On a pris le train avant du bœuf, explique Romain Joly. Il a déjà maturé 15 jours à l'abattoir et nous, on va le débiter tout de suite avec François qui s'est formé auprès de l'Union des Métiers de la Viande. » Aussitôt posés sur le plan de travail, les morceaux sont découpés et parés. « La poitrine part en pastrami. Cela demandera environ 5 à 6 heures de fumoir pour arriver à 40 °C à cœur. Ensuite, on enchaîne avec du four vapeur à 85 °C pendant 3 heures. Ça termine de le cuire. » La partie la moins épaisse sera cuisinée en effiloché, les chutes en saucisses et les os en jus.

Le pain, un rituel du début de journée

« Je me suis découvert une passion pour le pain. J'ai un vrai plaisir à le faire et c'est un véritable exercice de transmission. À chaque fois que j'ai des extras ou des gens dont j'ai envie de savoir ce qu'ils valent, je leur donne la recette, le protocole et ensuite c'est du bon sens, du sensoriel… le pain est vivant et si la pièce est à 28 °C ou à 16 °C, ce n'est pas le même process…

Le pain nous donne également un rythme pour la journée. Tous les matins, on arrive, on allume le four, on va se changer, on vérifie que le four est chaud, on enfourne les cookies pour le *coffee shop*, on bannetonne les pains, on sort les cookies, on change de programme pour le pain, on enfourne le pain. »

Entretien croisé

ORIGINES & PÉNATES

Romain Joly & Pierre Lucas

L'un est cuisinier chez Origines, l'autre chez Pénates. Amis dans la vie, Romain Joly et Pierre Lucas partagent une même conception de la cuisine portée sur des valeurs humaines et écologiques.

Quel regard portez-vous sur la cuisine de l'autre ?

Pierre : « Au-delà de la cuisine, c'est le parcours de Romain qui m'impressionne. Tu manges une assiette de Romain Joly à sa sortie de l'Arsouille, au moment où il fait un *event* au Mabilay en 2016 et tu manges une assiette maintenant à Origines : le delta est immense, la distance parcourue est juste incroyable ! Le tout sans être passé par des maisons structurantes où tu apprends les bases... »
Romain : « Le problème chez moi, c'est que j'ai commencé, lors de mon apprentissage chez Chris, à déconstruire avant même d'avoir appris à construire quelque chose. Je suis toujours dans cette nostalgie. Je pense que j'aurais pu faire mieux si je m'en étais donné les moyens. Il y a une sorte de complexe du reconverti. J'ai l'impression de courir derrière quelque chose... »
Pierre : « Oui, mais c'est moteur chez toi en fait et tu avances. »
Romain : « Lorsque je débutais en cuisine, j'ai eu l'occasion d'observer Pierre alors chez Julien Lemarié chez LeCoq-Gadby. Je voyais ce grand animal avec ses grands bras ; je me disais, non je n'aurai jamais cette agilité, ce niveau de concentration en cuisine. Pierre a quelque chose que je n'ai pas : c'est l'amour du service. Ce que peut aussi avoir Yann-Éric de La Mirlitantouille d'ailleurs. Plus ça envoie et ça monte dans les tours et meilleurs ils sont les mecs. Je l'ai ponctuellement mais ce n'est pas un truc qui m'anime. Moi, j'adore le côté laborieux de la mise en place. »
Pierre : « C'est génial d'être meilleur quand c'est dur. C'est un peu bête et méchant, un peu animal, un peu nul car tu te fais mal en fait. Mais j'adore ces services où tu es en mode mécanique. En plus tu cuisines vraiment, tu goûtes, tu fais des rajouts minute, ça accélère... C'est génial mais c'est usant. Et puis, c'est un frein aujourd'hui où la mise en place a pris une place colossale. Tu vas plus loin désormais en tant que cuisinier de mise en place qu'en tant que cuisinier de service. Il faut voir le niveau de mise en place des bistros par rapport à il y a 20 ans, c'est une folie, un monde d'écart ! »

Qu'est-ce qui fait que les mises en place soient aujourd'hui très poussées ?

Pierre : « La dynamique rennaise ! On est de plus en plus à avoir un meilleur *sourcing* et quand tu as de bons produits, c'est difficile de faire mauvais. Si tu connais ton métier, tu maîtrises les assaisonnements, les cuissons et c'est bon. Mais on va se mettre à se challenger tous autant que l'on est. Tout le monde est sur les réseaux, faut pas se le cacher, et ça amène une pression dans les cuisines. "Untel fait ça, ah bon et bien on va faire autrement !" Il existe une pression latente même si on n'en parle pas plus que ça. Il faut faire mieux que les autres ; c'est la course à l'échalote. »
Romain : « Oui, je suis assez d'accord. Même si je ne suis pas trop réseaux, effectivement, on est touchés par ça. Un jour, j'ai dit que je ferais du pain et toi Oliv tu l'as écris dans un papier. Pierre est venu me relancer plus tard : " Alors, il n'y a pas de pain ? Pourtant, je pensais que tu devais faire ton pain... " Il m'a piqué dans mon égo ».
Pierre : « Ah là, j'avais mis une pièce dans le jukebox (rire). Mais il est bien ton pain, tu as eu raison ! »
Romain : « Oui, il est bien notre pain mais j'ai mis une chienlit pas possible dans le resto pour y arriver : j'ai emmerdé tout le monde avec ça ! »

Le pain, la découpe des carcasses, le maraîchage, la moutarde... Est-ce que c'est bien de tout faire ?

Romain : « Oui, c'est bien mais des fois j'ai envie de dire stop ! J'ai l'impression, parfois, que mes salariés ont assimilé mes convictions et les ont digérées de façon exponentielle. Prenons les pestos de fanes... À un moment donné, il faut savoir si c'est sage de passer 5 litres d'huile d'olive dans la semaine pour faire des pestos de fanes ! Parfois, je préfèrerais qu'il y ait un retour à la terre, que ça composte. Ou garder les œufs de poisson, très bien mais là on va bientôt ouvrir une boutique de poutargue ! (Rires) Après, c'est génial, mais des fois c'est trop parce que stocker c'est de l'énergie, transformer c'est réintégrer un autre produit... J'aime faire mon pain mais je n'ai pas envie de mettre les pieds dans le maraîchage. J'éprouve du plaisir à voir les producteurs. J'aime quand Annie Bertin me parle de ses soucis de taupins, j'aime choper le sourire de Vincent... Et clairement je n'aurais plus de temps pour ma cuisine et ma vie de façon générale. »

Pierre : « Moi aussi j'aime, ce contact avec les producteurs, leur bonne ou leur mauvaise humeur, qu'ils me racontent un peu leurs histoires. En plus, c'est un vrai savoir-faire en bio. Le pain, ça vaut le coup, il y a plein de choses à apprendre. »

Pourquoi le faites-vous ?

Pierre : « C'est économique et écologique. Pour la viande, tu te retrouves avec du pied de cochon à 8 € abattage compris mais tu te retrouves aussi avec du carré au même prix ! C'est imbattable. Écologiquement, tu vis à côté donc tu es quasiment capable de connaître le nom de la bête qui va être abattue. Et techniquement, tu te nourris en tant que cuisinier en apprenant à travailler une carcasse. Cela engendre plus de diversité dans les cuisines et cela t'amène à aller chercher d'autres recettes car c'est le morceau qui choisit. Chez nous, tu ne verras jamais de ris de veau, ni de joues de bœuf braisées ; il n'y en a que 2 par pièce ! »

N'est-ce pas limitant justement ?

Romain : « Oui, clairement, mais tu as plein d'autres restaurants où tu peux en manger et qui sont très bien cuisinés ! »
Pierre : « Quand je vais à la Mirlitantouille, je prends du ris de veau ! Parce que, du coup, ça me manque et que je sais que c'est bien choisi. »

Elle est là la démarche militante ?

Romain : « Oui, sûrement. On a envie de porter une voie militante qui nous contraint effectivement. Mais moi, en tant que client, je n'irais pas tout le temps manger chez Origines ! Et je suis persuadé que c'est la même chose pour Pierre, chez Pénates ! Cette manière de travailler me coûte énormément en personnel et en temps de travail, mais c'est la voie que j'ai choisie. »

Une cuisine militante est-elle réaliste aujourd'hui ?

Romain : « On se pose sans cesse cette question… Si mon bistro est plein toute la semaine, qu'on bosse tous les jours, je suis rentable. Et on peut être fier de payer tous nos fournisseurs rubis sur l'ongle ; on donne des salaires convenables, on a des produits bio partout, on a un véritable impact écologique car nos fournisseurs sont vraiment à proximité. »
Pierre : « C'est faisable, mais c'est usant. Je ne le ferai pas toute ma vie. Et il y a un côté laboratoire dans ce que l'on fait ; c'est fragile, c'est une parenthèse : tu ne montes pas ta vie là-dessus ! »

Vous êtes des ovnis ? Ou est-ce la logique ?

Romain : « J'ai l'impression d'être un peu sur la fin d'une espèce en voie d'extinction. Je sens moi aussi l'épuisement. Aujourd'hui, quand je vois Graille, je leur envie à mort cette énergie qu'ils ont en cuisine, cette énergie de bistro de quartier. Typiquement, c'est le genre de projet que j'aurais voulu porter. Il y a plein de gens qui travaillent très bien. Après, on n'est pas des tonnes à tout travailler et à avoir cette notion de grosse mise en place. »
Pierre : « On n'a rien inventé : ça existait déjà un peu sur Rennes. Pour moi, le pétard dans la ville c'est Bercail. Ce sont eux qui ont lancé cette dynamique à Rennes et maintenant, on voit partout des gens qui travaillent mieux. Parce que Rennes est comme ça, parce que Rennes est de gauche et c'est trop bien !
C'est ça qui est bien, c'est de toucher un maximum de monde. Des ovnis, non. Je me dis juste qu'avec d'autres restaurants genre avenue Janvier et bien, on ne fait pas le même métier, c'est tout. »

Pour terminer, dans quels restaurants aimez-vous manger à Rennes ?

Pierre : « Rennes ou en dehors ? Si c'est en dehors de Rennes, moi je vais 10 fois au Coquillage sans soucis. Dans la vie de tous les jours, je vais à la Mirlitantouille ou au Bocal. Parce que c'est facile, que c'est bon, que c'est Stéphane, que je ne suis jamais déçu. C'est toujours assaisonné, il n'y a jamais de coquille.
Romain : « Moi, je vais à La Mirlitantouille. »

Pénates

Au moment d'écrire ces lignes à l'été 2024, Pénates est encore le restaurant de Sibylle Sellam, Grégoire Foucher, Caroline Lenormand et Pierre Lucas. Pour combien de temps encore ? Nul ne le sait, mais Pénates est à vendre depuis l'hiver dernier. Une page importante de la gastronomie rennaise s'apprête donc à se fermer. Arrivés en 2017 à Rennes en se posant à Bercail rue Sainte-Melaine, Sibylle et Grégoire ont dynamité la scène culinaire locale en offrant une cuisine gastronomique de produits des plus créatives.
C'est compliqué aujourd'hui de dire d'une cuisine qu'elle est faite maison tant cette expression est galvaudée. Mais, chez Bercail puis Pénates, à l'image de ce qui se passe à Origines d'ailleurs, n'entrent dans les assiettes que des produits issus de maraichages, d'élevages ou de pêches des plus vertueux et de proximité. De leur propre maraichage même puisque, depuis quelques temps, Grégoire fait pousser ses légumes à la ferme Pradenn où Sibylle a construit un four à pain et aménage une future boulangerie paysanne. Chez Pénates, où la mise en place a pris une dimension hors-norme, tout est ensuite transformé dans le restaurant : le pain bien-sûr, les charcuteries, les saucisses, le pastrami, les tacos, les sauces, les huiles, les pâtes, etc.
C'est un tour de force incroyable, dont on ne prend malheureusement pas assez la mesure.
Pénates est également un ardent défenseur des vins et des cidres naturels. Cette équipe formidable, où Manon Poisbeau et Annaëlle Compagnon jouent un rôle de premier plan, est là pour bousculer les habitudes et sensibiliser les consciences à une meilleure alimentation. Ce sont des citoyens et des militants avant d'être des cuisiniers et des commerçants, et ils sont peu nombreux, comme eux, à faire passer leurs idées avant leur business. Encore récemment, lors des élections législatives, l'équipe n'a pas hésité à brandir sur les réseaux sociaux et dans leur restaurant des affiches explicites : « Alimenter la révolte ! Nourrissons la diversité, compostons les idées arrêtées ! » Il y a 10 ans, cette prise de position aurait été inimaginable.

Lorsque vous arrivez à Rennes en 2017 en ouvrant Bercail, quel est votre état d'esprit ?

Sibylle Sellam : « On était jeunes et on avait envie d'être chez nous, d'avoir notre cuisine gastronomique et de recréer un lien avec les produits vivants. À Paris, nous étions déconnectés des producteurs, nous cuisinions leurs produits sans les connaître. »

Grégoire Foucher : « On voulait être des passeurs de ces bons produits vers les clients en rendant ça beau et bon. Tu es jeune, tu as besoin de prouver des choses. »

Sibylle : « On adorait faire ça. Je pense que l'on a fait découvrir des goûts, des produits, des associations à des gens qui, encore aujourd'hui, nous disent qu'à Bercail ils ont mangé des choses qu'ils n'avaient jamais mangées ailleurs. »

Et puis arrive le projet Pénates avec Caroline Lenormand et Pierre Lucas. Comment est née cette envie ?

Sibylle : « On a eu envie de faire à manger autrement, moins cher, plus festif, dans un esprit plus bar à vin et moins gastronomique. Un local se dégageait dans la rue Saint-Melaine et donc, on a cherché des gens pour nous aider. Nous avions rencontré Caro et Pierre à l'Arsouille, on leur en a parlé. Mais l'affaire ne s'est pas faite et on a cherché un autre lieu. L'Arsouille est arrivé… comme le Covid. Pénates a ouvert 3 semaines avant… »

Comment a évolué votre relation aux produits ? Avec le temps, vous êtes devenus plus radicaux en faisant beaucoup plus de choses par vous-mêmes ?

Sibylle : « C'est venu avec la viande. À Bercail, on achetait la viande chez un grossiste mais c'était opaque comme secteur. On manquait de relations directes avec les producteurs. Et puis sont arrivés Eñaut Thébault, qui travaillait à l'Arsouille, et son père. Ils nous vendent notre première vache pie noir que nous avons partagée à quatre. Nous avons découvert tout un circuit… On a ouvert cette porte et ensuite on s'est de plus en plus intéressés aux éleveurs du coin. »

Il en allait de même pour le pain…

Sibylle : « On a toujours fait notre pain maison. On avait mis une recette au point, au sarrasin, avec la farine des Cloteau, et puis nous sommes allés plus loin. Nous voulions trouver un meunier qui accepte de nous moudre un blé que l'on aurait pu faire

pousser chez Annie Bertin. On lui avait demandé de multiplier des blés de Redon à l'époque. Et parallèlement, nous sommes allés voir Nicolas Supiot… Tous ces échanges ont été incroyables. On était hyper contents de faire notre pain. Au fur et à mesure que l'on se sensibilisait aux blés de population et au pain, on voulait que les clients soient dans le même état d'esprit. Du coup, on leur proposait de rapporter chez eux le pain qu'ils n'avaient pas terminé au restaurant. »

Votre réflexion sur le maraîchage a également été fondatrice ?

Sibylle : « Avec Greg, on a toujours fait du potager, à Paris, dans le Périgord… Pendant le Covid, on a demandé à Thierry Lemarchand s'il n'avait pas un petit terrain pour faire pousser des légumes, des aromatiques, des fleurs… »
Grégoire : « On avait un écrin de biodiversité sur 300 m² ! C'est là-bas que l'on a commencé à sortir notre assiette du potager. La rencontre avec Hervé et Catherine Bourdon a également été importante. Leur vision nous intéressait. Tu cultives les

variétés que tu aimes trouver dans ton restaurant : tomatillos, maïs bleu, gingembre, curcuma… L'an dernier, pour la première fois, on a réussi à faire notre propre huile au piment et poivre de Sichuan. »

Sibylle : « Après le Covid, on a commencé à utiliser davantage les légumes au resto et donc nous étions à l'étroit avec notre petit jardin. Au début, je n'étais pas chaude du tout pour voir plus grand, parce qu'on travaillait déjà comme des fous et que le maraîchage, ce n'est pas facile si on veut le faire bien. Mais Greg était très attiré par le maraîchage… et puis, la ferme Pradenn s'est présentée à nous… »

Grégoire : « Nous avons été tellement bien accueillis par la famille Sauvée à la ferme Pradenn ! Aujourd'hui, nous exploitons des terres là-bas en maraîchage, nous avons des blés de Redon également. »

Aujourd'hui, vous souhaitez vous consacrer au maraîchage et à la boulangerie paysanne plutôt qu'à la cuisine. Quel a été le déclic pour opérer cette conversion ?

Sibylle : « Il y a eu beaucoup d'interrogations depuis le Covid. Nous nous sommes rendu compte que le restaurant, tel qu'on le souhaite, est fragilisé avec une fréquentation en baisse. Parallèlement, notre conscience politique et écologique s'est affinée et nous nous sommes dit que la lutte ce n'est peut-être pas de faire à manger uniquement à des gens qui en ont les moyens.
Sans cracher sur le gastro et évidemment sur nos clients qui nous ont apporté beaucoup de joies, nous avons envie de faire différemment.
Et puis, on ne s'est jamais dit que Bercail et Pénates étaient pour la vie. »

Le monde de la cuisine vous a aussi déçu ?

Grégoire : « En fait, ce qui est difficile avec notre métier, c'est que c'est un vieux métier bien issu du patriarcat et, au final, il y a un truc où je ne me sens pas à l'aise. Le côté masculin de la cuisine, ça me fatigue un peu. C'est un métier où nous devons prendre position pour mieux nourrir les gens, c'est essentiel. On l'a fait avec ceux qui en avaient les moyens, maintenant, on aimerait toucher plus le quotidien des gens. Par les marchés, par des actions avec les écoles, etc. »

Sibylle : « Mais on aime toujours la cuisine pour autant et on ne dit pas que nous arrêterons totalement. On pourra donner des coups de main, comme la table de Aulne à la ferme Pradenn… Mais plus en portant un projet. »

PÉNATES • SERVICE !

ALIMENTER LA RÉVOLTE

La Petite Ourse

Demandez à une grande majorité de cuisinières et cuisiniers rennais où ils aiment aller manger ? Une très grande majorité vous répondra : La Petite Ourse. Et parmi les Rennais gourmands et gourmets, la réponse risque d'être similaire. Ouverte en 2019 dans le centre-ville, on se presse à La Petite Ourse pour se faire chouchouter en salle par Charlotte Brochard et se faire titiller les papilles par son mari, Germain Caillet en cuisine. Un couple des plus attachants qui travaille seul et, c'est une vraie spécificité et réussite, uniquement le midi ! Eh oui, il faut donc s'armer de patience ou programmer à l'avance un repas à La Petite Ourse tant les places sont chères. Mais elles valent vraiment l'attente. On est à chaque fois enchanté d'avoir passé un moment gourmand en leur compagnie dans cette petite salle bleue et blanche où les ardoises des menus se chargent de la déco murale. L'ambiance est épurée, simple, comme pour laisser la place à l'enthousiasme et au professionnalisme de Charlotte en salle. Aux petits soins avec sa clientèle, Charlotte devient la meilleure ambassadrice de la cuisine délicate de Germain, la mariant notamment avec une sélection rigoureuse de vins naturels.

Vous êtes Rennais tous les deux ?

Germain Caillet : « Ah non, moi je suis Vendéen, arrivé à Rennes après mes études de cuisine et une année passée en Angleterre. Je faisais partie d'un groupe de musique à l'époque dont tous les membres étaient à Rennes. Je me suis donc posé là... et j'ai rencontré Charlotte... »
Charlotte Brochard : « Oui, nous sommes en 2006 à l'époque et moi, la petite mayennaise, j'étudiais l'Arabe et les Sciences du Langage à Rennes 2. J'ai même fait un semestre d'étude à Damas ! »

Germain : « Un jour, nous sommes partis à Paris : Charlotte pour faire une école d'attachée de presse, et moi je suivais... en cuisine. »

Avec là, une rencontre fondatrice en cuisine !

Germain : « Oui, j'ai rencontré Franck Baranger qui ouvrait Pantruche. J'y suis resté huit ans. Il m'a tout appris. Je pensais connaître des choses mais en fait, on a tout repris à zéro. C'est quelqu'un de très humain, de chaleureux. Je suis passé chef du Pantruche au bout de 4 ans et j'y suis encore resté 4 ans. »
Charlotte : « J'ai vu Germain évoluer de façon incroyable. Il faisait ses 70 heures par semaine, mais il prenait un plaisir fou. Moi, de mon côté, j'étais attachée de presse aux *Inrocks*, on vivait totalement la vie parisienne, beaucoup de restaurants, de concerts... »

Et puis, l'envie de revenir dans l'Ouest s'est faite sentir ?

Charlotte : « Oui, Nantes ou Rennes... Germain trouvait que Nantes ressemblait trop à Paris. On a opté pour Rennes. »

Germain : « On avait pour projet d'avoir un enfant et d'ouvrir un restaurant du midi. Au début, l'idée était même de faire un mix entre bistro de qualité et *coffee shop*, entre les assiettes de Pantruche et Café Albertine ou Petite Nature. On aurait souhaité plus grand, mais le local a fait évoluer notre projet. »

Car, au final, vous reprenez donc l'ancienne crêperie du Couesnon ouverte depuis 17 ans boulevard de la Liberté…

Charlotte : « Oui, moi après avoir fait une formation salle et sommellerie avec un petit stage chez Virginie à Racines, et Germain après avoir fait un petit CDD aux Bricoles. »

Germain : « On a commencé avec une cuisine sage. J'étais consensuel au début : je n'avais pas une idée très précise de ce que je voulais faire. Je ne prenais pas de risques. On avait 2 entrées, 2 plats et 2 desserts, uniquement le midi donc. »

Petit à petit, avec les années, vous avez pris confiance. Aujourd'hui, votre travail est beaucoup plus osé et assumé !

Charlotte : « Mais oui, au départ, je n'avais pas confiance en moi et je passais mon temps à m'excuser. Quand tu ouvres, tu as tellement peur de faire un faux pas ! Aujourd'hui, je valorise le travail de Germain dans l'assiette : j'explique tout, j'accompagne plus qu'avant et j'oriente les gens en fonction des plats. »

Germain : « Et moi, je me suis lâché dans les produits, les cuissons, les saveurs qui sont plus franches comme le fumé par exemple que je n'aurais jamais fait au départ. C'est pareil pour le kimchi, les légumes brûlés… Le carpaccio de navet, je ne l'aurais pas assumé au début, je l'aurais cuit, alors qu'aujourd'hui, il est à moitié cuit vapeur pour enlever de l'amertume et proposé avec sauce yaourt, des graines torréfiées, de l'huile curcuma. Et les gens nous font confiance. »

Comment imaginez-vous ces assiettes si goûteuses et colorées ?

Germain : « Je réfléchis les mardis soir sur un coin de ma cuisine à la maison. Ça vient assez rapidement en fait, en fonction des produits. Et tous les jours, avant le début du service, on reprend l'intégralité de la carte et on note ce qui a changé. Je donne à Charlotte l'idée du plat… »

Charlotte : « Et moi, je goûte à tout séparément. Je note la puissance, le sucré, si il les accords sont doux ou au contraire emportent un peu plus…. Cela m'aide à guider les gens. Ensuite, nous trouvons l'énoncé. »

Outre votre accueil incroyable et vos assiettes si enthousiasmantes, La Petite Ourse, c'est aussi l'originalité de deux services uniques le midi.

Charlotte : « Au départ, nous faisions quelques services le soir… Un par saison… Mais cela se passe tellement bien le midi, c'est tellement joyeux, rempli et donc intense sur les deux services, que l'on a arrêté les services du soir. Cela nous permet de prendre du temps avec notre fille, Simone. Nous avons trouvé un équilibre personnel et économique dans ce fonctionnement. Pas de service le soir ne veut pas dire que nous ne travaillons pas ! Je pense à l'administratif et aux nombreuses factures… À la Petite Ourse, nous travaillons avec plus de 80 personnes différentes, des gens qui ont des aussi petites structures que les nôtres. Alors, pas question d'avoir des retards. »

Germain : « Ces deux services du midi conviennent finalement à pas mal de personnes : les touristes et surtout les Espagnols qui sont ravis de déjeuner plus tard, des indépendants, des gens qui ont des horaires flexibles, des retraités, etc. Nous nous sommes adaptés au rythme du quartier et aujourd'hui, nous avons énormément de gens qui reprennent une date en partant. »

Charlotte : « Le fait d'avoir nos soirées permet d'être dans une dynamique positive. Et cela nous permet de ne pas être blasés et d'espérer être encore là bien des années ! »

Le collectif Nourritures

Il y a ceux qui ont juste jeté un œil en entrouvrant la porte pour rapidement la refermer considérant qu'ils n'étaient pas en phase ; ceux qui ont fait un bout de chemin avant de repartir ; ceux qui n'osaient pas et qui finalement participent activement ; ceux qui pensent que c'est élitiste ; ceux qui en rigolent, etc. Une chose est sûre, le collectif Nourritures n'a laissé aucun cuisinier de marbre lorsqu'il s'est lancé au sortir de la crise sanitaire du Covid. Au départ, l'idée est née de la rencontre de plusieurs professionnels désireux d'instaurer un environnement reposant sur des pratiques vertueuses. Ils voulaient agir positivement et montrer qu'il existe une autre voie à la malbouffe, au greenwashing, au sexisme, au racisme, à l'individualisme… Ensemble (Gaëlle Bedhet, Grégoire Foucher, Virginie Giboire, Clémentine Guillois, Romain Joly, Marion Juhel, Caroline Lenormand, Pierre Lucas, Taï Nguyen, Sibylle Sellam), ils ont écrit le manifeste « Pour une gastronomie Humaine, Durable et En mouvement » vers lequel tendre, avant d'agrandir le cercle à d'autres adresses. Le collectif Nourritures a ainsi compté jusqu'à une vingtaine de membres qui communiquent via une application et se réunissent occasionnellement. Ensemble, ils ont parfois fait évoluer leurs pratiques, échangent des producteurs, se prêtent du matériel, font circuler des CV, vont à la rencontre de producteurs, participent à des actions sur le bien manger auprès des écoles, à des formations, etc.

Pour une gastronomie
Nourritures
Rennes
Humaine • Durable • En mouvement

NOURRITURES

Extraits du Manifeste

Pour une gastronomie humaine,
durable et en mouvement
Extraits du Manifeste.

« Je m'engage contre toute maltraitance physique ou morale et toute discrimination de genre, d'âge et d'origine sociale et culturelle au sein de mon établissement. »

« Je m'engage à être à l'écoute des salariés et de leurs besoins relatifs à un équilibre entre vie professionnelle, sociale et personnelle. »

« Je m'engage sur une politique sociale et environnementale responsable, co-construite avec les employés et signée par les dirigeants de l'établissement. »

« Je m'engage à acheter 100 % (en volume) de produits frais locaux de saison. »

« Je m'engage à travailler 50 % (en volume) de produits locaux – 160 km – issus de l'agriculture paysanne. »

« Je mets en avant mes producteurs auprès des clients pour permettre à ces derniers de les découvrir via d'autres canaux de distribution que nos restaurants. »

« Je m'engage à imaginer et à participer à des projets avec des partenaires locaux, associatifs, culturels ou institutionnels. »

Fezi

Cédric Bruneau est à part. Dans ce monde de la cuisine à l'égo testostéroné, il apparaît plutôt réservé, pas un mot plus haut que l'autre, très à l'écoute de son équipe fidèle, tout en assumant son rôle moteur. Il avance à pas de géant faisant de son Fezi l'un des meilleurs restaurants de la ville. Et là-dessus, tout le monde est unanime. Le bouche-à-oreille se résume en trois mots : c'est vraiment bon.
Et, effectivement, c'est très bon chez Fezi, ce petit bistro d'angle installé à deux pas de la Vilaine et à trois du centre-ville. Un tantinet à l'écart, comme un restaurant de quartier où chacun rêverait d'y posséder son rond de serviette pour pouvoir s'attabler à loisir et profiter des plats éphémères comme les saisons...
Des murs blancs, un soubassement en bois bleu, un *desk* d'accueil en bois d'anciennes palettes, des tables brutes... Rien d'ostentatoire et l'on s'y sent bien, loin des concepts formatés. Cédric Bruneau fait partie de cette génération de reconvertis, passé à la cuisine sur le tard après des études de pharmacie. Il s'y donne aujourd'hui corps et âme. Ses choix sont pensés, vertueux. Une cuisine de conviction adossée à de nombreux bons producteurs, bien connus du terroir rennais et de Bretagne comme le Gaec Bocel, Les Trognes, Pradenn, la ferme de la Rocheraie, Graine de Bretons, pêcherie de Loctudy, etc. Une cuisine du moment, goûteuse, colorée, aux mariages de saveurs et de textures réussis. On cuisine des jus, des sauces, des garums... On fermente, on marine, on nappe, on grille...
Et voilà que sortent, un midi de fin de printemps, un velouté d'asperges vertes tout en fraîcheur avec ses pommes de terre nouvelles et oseille ou, pour les plus gourmands, un œuf frit et ses gnocchis. Un autre soir d'été, la table s'est émerveillée devant une bonite mi-cuite, sorbet poivron, poivrons, crumble à l'encre de seiche, cosmos et un incroyable fromage blanc travaillé à la cacahuète...
Fezi est un restaurant rennais de son temps parce qu'il est engagé et parce qu'il respire l'humanité et la sensibilité. C'est précieux par les temps qui courent.

Faisons davantage connaissance et première question évidente : tu es Rennais ?

Cédric : « Toute ma famille est du bassin rennais depuis plusieurs générations. J'ai passé mon enfance à Villejean. J'ai connu le quartier quand c'était multiculturel ; c'était chouette et vraiment bienveillant. Aujourd'hui, ça a changé avec l'évolution de la ville. J'avoue que ne reconnais plus celui de mon enfance. J'ai fait mes études à Rennes, jusqu'en quatrième année de Pharma. En fait, je n'étais pas très heureux dans cette voie. J'avais dans la tête qu'il fallait que je fasse des études. Je ne venais pas forcément d'un milieu très favorisé et tu penses dans ce cas à l'ascension sociale car tu en as les moyens intellectuels.
Et puis, Flora s'est faite muter à Limoges, j'ai suivi. Je ne savais pas trop quoi faire… J'aimais bien cuisiner mais sans avoir de passion. J'ai passé mon CAP en un an et cela m'a vraiment plu d'être tout le temps dans l'énergie, le renouvellement, faire des choses de ses mains… »

Quel a été ton parcours d'apprentissage de la cuisine ?

« J'ai vécu des choses dures, physiquement et mentalement… Je me suis aussi construit vis-à-vis de ça. Tu vois des choses que tu n'as pas envie de reproduire… Ma plus belle expérience a été de côtoyer Nicolas Pourcheresse au Clarence, à Lille.
À ses côtés, j'ai appris le parti-pris en cuisine : la cuisine-minute, les idées

dans les produits, traiter les produits sur des pièces entières, des cuissons un peu plus brutes, agresser certains produits, les contre-points dans les assaisonnements. Une finesse brute très formatrice. »

Qu'as-tu ressenti lorsque tu es revenu à Rennes en 2018 ?

« Je me suis dit que ça avait beaucoup changé depuis que j'étais parti. Bercail s'installe à ce moment-là ; il y a les événements culinaires comme Le MaM… Tu sens qu'il y a un truc qui se passe. Une bonne énergie. J'ai postulé au Ciel car il y avait Jean-Marie Baudic ; sa cuisine me parlait bien. J'y suis resté un an. Baudic est très fort sur les associations de produits : dans sa tête, ça connecte incroyablement, mais je cuisinais trop peu. »

Fezi ouvre en période Covid avec toutes les contraintes… Pas facile j'imagine de se lancer dans ces conditions, seul…

« Je ne connaissais personne mais j'avais plein de questions. J'ai contacté pas mal de monde et Sibylle et Grégoire de Bercail (à l'époque) m'ont répondu et m'ont donné des infos. Romain aussi m'a donné pas mal de contacts. À Rennes, il n'y a pas de problème sur le partage. Je trouve ça top, j'aime aller chez les uns et les autres pour découvrir échanger sur les produits et sur les savoir-faire. J'ai profité de cette dynamique et je suis tellement content d'en faire partie aujourd'hui et de pouvoir aider les nouveaux qui s'installent. »

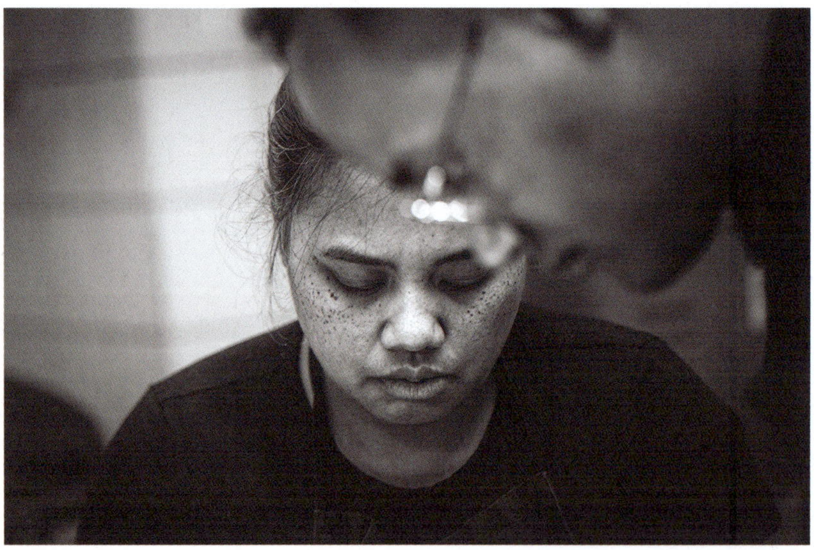

C'est ainsi, en plus de ton savoir-faire, que Fezi a pu s'inscrire dans la qualité, notamment dans les produits ?

« Au début, je n'étais pas aussi propre que maintenant. On évolue petit à petit. Un jour je suis allé à Origines pour apprendre la découpe du cochon avec Aulne de la ferme Pradenn. Depuis, on ne fait que du cochon entier avec les fermes Pradenn, Gros Chêne, Celtique, Trognes… Aujourd'hui, je ne sais même pas avec

combien de producteurs je travaille. Mais, je fais toujours les marchés des Lices et de Sainte-Thérèse. J'aime voir les produits, les choisir.

Chez Fezi, ce sont les produits qui dictent la cuisine ?

« Oui, totalement. Avec beaucoup de cuissons-minute au plus proche du service. Je pense que ma cuisine a évolué avec les producteurs. Par contre, pour citer un plat je ne suis pas bon car j'essaye de ne pas les retenir… Je sais que l'on a de très bons retours lorsque l'on associe la betterave, les coquillages et un élément lactique… Les gens ont plus confiance en ma cuisine que moi. »

L'équipe aussi a confiance en toi !

« La façon dont je suis entouré joue énormément. C'est capital pour moi. Je fais une confiance aveugle à Holisoa en cuisine, à Will en salle qui a carte blanche sur les vins et l'ambiance. Ce qui me fait plaisir, c'est que les gens qui passent chez moi repartent avec un acquis solide. La transmission, je trouve ça très important. »

Ima

Évidemment les clients ne voient que la scène : les façades occupant tout l'angle de la rue de l'Arsenal et du boulevard de la Tour d'Auvergne, les intérieurs épurés et modernes des restaurants Ima et Imayoko, le comptoir du chef Julien Lemarié chez Ima et de la cheffe Juliette Mayri chez Imayoko, l'isakaya du restaurant étoilé. Mais le mayennais Julien Lemarié pourrait tout à fait organiser des visites guidées des coulisses, comme on le fait à l'opéra, tant cette vie de l'ombre permet de comprendre l'excellence de ce qui nous est, au final, donné à déguster dans les assiettes imaginées par le céramiste Cyril Dennery. Au fil des années et de son arrivée ici, en 2017, Julien Lemarié a grignoté des garages, des caves, le moindre espace donnant sur la cour intérieure du bâtiment. Lorsque l'on franchit la lourde porte bleue, on croise une petite armée de jeunes femmes et de jeunes hommes en tenue de cuisinier, concentrés ici sur leurs pâtons dans la minuscule pâtisserie, occupés là à détailler des légumes, s'engouffrant dans une chambre de maturation des viandes pour décrocher une poitrine de bœuf froment du Léon venue de chez Thierry Lemarchand à Pacé, etc. Il y a là un déshydrateur de déchets organiques qui iront par la suite enrichir les terres maraîchères de Vincent Bocel à Pacé, un laboratoire de boucherie avec scie

à ruban pour découper les grosses pièces et les os qui finiront en jus, une plonge, des caves, un espace de cuissons, etc.

« On n'a plus le choix aujourd'hui si l'on veut bien travailler. Il faut de l'espace et du personnel. » Tout ce beau monde ne ménage pas ses efforts pour proposer, quatre jours par semaine, une expérience culinaire unique à Rennes. Certainement l'une des plus abouties avec, le midi une proposition de cinq à huit plats et, le soir, un menu unique à dix plats. « Avec les à-côtés, cela fait 18 pièces en tout. »

Arrivé à Rennes en 2012 après avoir passé sept années en Asie dont cinq au Japon, Julien Lemarié, de nouveau épaulé par une équipe soudée autour de Martin Gastard, son sous-chef, Pierre-Marie Philouze, son maître d'hôtel, ou encore le pâtissier Florian, semble de nouveau passer à l'offensive avec une cuisine techniquement de très haut vol et s'appuyant sur une politique d'approvisionnement impressionnante. Les meilleurs produits semblent se déverser quotidiennement dans ces cuisines : poissons Le Daniel du Guilvinec, volailles de chez Olivier Renault, cochons entiers et légumes de plusieurs fermes alentours, agrumes du sud de la France, bœuf en carcasse de races anciennes, coquilles Saint-Jacques de plongée, etc.
Parfois agressés, parfois reposés, toujours magnifiés, les poissons, viandes, légumes, condiments… sont travaillés avec justesse comme ce pagre levé, passé en saumure, séché, reposé deux jours avant d'être agressé au chalumeau et servi avec une confiture d'algues. Et que dire lorsque l'on est attablé, une fois les produits de la mer passés, de ce bouillon animal canard, volaille, gingembre et piment servi pour préparer les papilles à cette cannette passée au BBQ, recouverte de chou rouge fermenté, de chou pointu et relevée d'une chlorophylle d'épinards. Du grand art vraiment.

On mesure le travail effectué lorsque l'on est attablé. C'est une cuisine très pointue qui est compliquée à mettre en place ?

Julien Lemarié : « On a chez Ima énormément de mise en place, mais c'est notre travail et les gens ne sont pas censés s'en rendre compte. L'un des postes les plus compliqués reste le garde-manger où il faut gérer tous les canapés, les herbes, les condiments. Ici, on fonctionne par plateaux de mise en place, par plat et par famille de plats : un plateau poisson, un plateau viande, un plateau première entrée… Les gars ont pris l'habitude de ça et c'est un vrai confort. »

Le tout pour une cuisine très marquée !

« Nous proposons un menu unique totalement assumé, avec du piquant bien présent et de l'acidité sur tous les plats. Le piment, c'est le fil conducteur du repas, du canapé au dessert. Mais on s'adapte si les gens n'aiment pas, ou sont allergiques. Pour la pâtisserie, c'est un long proécédé car il faut accepter mes goûts qui ne sont pas trop portés sur le sucré. Dans un premier temps, je *drive*, je donne deux à trois éléments et ensuite, au pâtissier de me donner le lien. Il faut une bonne année pour se connaître et ensuite, on avance. »

Une cuisine identifiée japonisante, mais pas tant que ça au final ?

« Ça me colle à la peau du fait des années passées en Asie, du nom du restaurant, des lames, du comptoir… Oui, il y a des touches japonaises ou asiatiques comme le barbecue, les traits de soja, les dashis… Mais ce que j'aime ce sont les grands écarts comme le turbot aux poireaux, classique, proposé avec des algues du coin, du tamarin du Vietnam et un dashi japonais. À côté, Imayoko est davantage tourné vers le Japon avec le riz des domburis, des okonomiyakis etc.

Ton travail avec les producteurs s'est également incroyablement bonifié ?

« On a une chance incroyable de les avoir et ils sont également très demandeurs. Là, par exemple, on travaille un mulard avec Olivier Renault qui s'annonce très prometteur, bien gras. Les éleveurs sont contents de nous vendre des bêtes entières lorsque l'on se regroupe avec quelques chefs. J'ai débuté ça lorsque j'étais chez Lecoq-Gadby avec Chris de l'Arsouille. Aujourd'hui, les jeunes sont demandeurs aussi comme récemment Tête d'Ail ou Le Vasselot. Les poissons c'est pareil, Antoine de chez Laurent Daniel est venu ici depuis Le Guilvinec ; je lui ai fait rencontrer Virginie Giboire et pas mal de monde. Allez-y, car de toute façon, on ne va pas travailler la même chose. Ça encourage les jeunes talents à venir s'installer à Rennes. J'en ai parlé avec Vivien Durand qui est chef étoilé à Bordeaux, et ce n'est clairement pas la même histoire là-bas ! »

Est-ce que ta cuisine a aussi évolué avec la ville ?

« Très clairement. Lorsque j'arrive en 2012, on partait de loin !
Je n'aurais jamais pu faire ce que je fais maintenant. Les Rennais sont plus ouverts, plus curieux. Le TGV qui a rapproché Paris et le fait qu'il y ait des événements culinaire dans la ville, ça joue aussi beaucoup. »

Reportage

IMA ! • SERVICE !

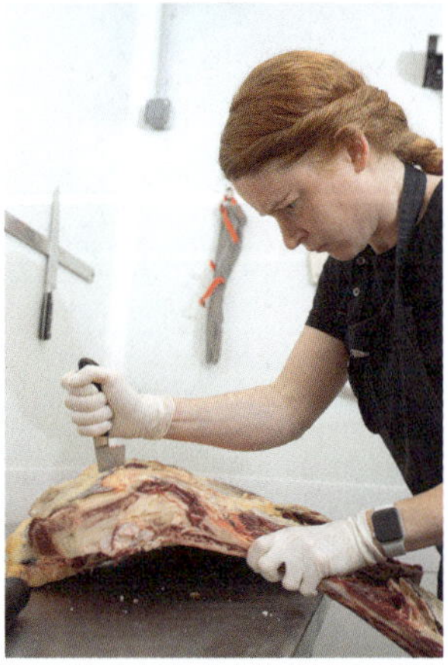

Chawp Shop

Élise Guilard et Clarisse Prodhomme, installées en bio sur 15 hectares à Lohéac, font pousser environ 45 légumes de plein champs, proposent du pain paysan, élèvent des agneaux Landes de Bretagne et produisent du jus de pomme. Ce matin ensoleillé, elles terminent leur tournée rennaise et déposent des cagettes au bas des marches d'un restaurant du haut de la place des Lices. Pas un bistro habitué à travailler « proprement » comme l'on dit dans le milieu, ni même un gastronomique qui affiche sa liste de producteurs fièrement sur la carte. Non, ce restaurant caché derrière un magnifique tigre agressif formé de néons multicolores, c'est Chawp Shop. Un « asiat » comme l'on dit pour faire court et surtout pour ne pas s'encombrer…

Chawp Shop de Taï N'Guyen et son équipe fidèle est tellement plus riche et plus complexe que ça ! Il ne rentre dans aucune case, d'où parfois des incompréhensions de celles et ceux qui s'attablent avec des idées préconçues. « On a même eu encore récemment un groupe de trentenaires qui lisaient la carte avec l'accent chinois… Bon, parfois on laisse tomber, on se dit qu'on ne va pas dépenser de l'énergie pour ce combat-là, mais c'est assez révélateur… » Chawp Shop est un ovni dans le paysage rennais des restaurants de cuisines étrangères qui se contentent trop souvent d'aller faire le plein chez les *cash&carry*.

Ici, on travaille avec les fermes locales (ferme Baron donc, mais également Pradenn, ferme du Chatelier, de Quincé, Saint-Jacques de plongée de Welga, etc.) avant de proposer une cuisine très personnelle, une cuisine reflet du parcours de vie de Taï. Entre le Viëtnam, le Laos, l'Issan au nord-est de la Thaïlande, la France et sa culture des bistros. Cette cuisine est également le fruit d'une tradition familiale et de rencontres passionnantes « qui m'ont fait évoluer et m'ont redonné une dynamique nouvelle. » On passe ainsi, dans ce restaurant aux trois ambiances de salles différentes (*cosy*, bar, tables à partager), du pad-thaï traditionnel au curry décomposé, en passant par les asperges brûlées au satay, aux Saint-Jacques crues bouillon tamarin et sauce *sea-food*, lait de coco en siphon et chutes de coriandre en crumble, etc. Sans parler des boissons naviguant entre cocktails, bières Singa pression ou vins naturels ! Le tout emmené en salle par une équipe enthousiasmante que l'on retrouve d'ailleurs très régulièrement au Marché à Manger. On pense évidemment à Morgane, à Chloé, à Morgane N'Guyen, etc.

Ta cuisine étant très personnelle, peux-tu nous en dire un peu plus sur ton parcours ?

Taï N'Guyen : « Je suis né à Vientiane au Laos et j'ai débarqué en France, à Paris avec ma famille en 1977 en tant que réfugiés. On a été dispatchés un peu au hasard en France ; nous, ce fut Rennes... Cleunay, la Zup, Villejean... Mes parents se sont séparés, j'étais l'aîné d'une fratrie de 4 garçons et une fille et je me suis occupé un peu des deux derniers. Là, c'est l'instinct de survie : tu cherches un job à tout prix. J'étais musicien, comme le souhaitait mon père qui venait d'une famille de musiciens, mais je suis rentré au Virgin Megastore. Au fil des années, je suis monté en grade et dans le même temps, j'étais producteur dans le hip-hop rennais, j'avais signé chez Universal. »

On semble loin de la cuisine à ce moment-là. Comment es-tu arrivé à la cuisine ?

Taï : « Ma mère, laotienne-thaïlandaise, a toujours travaillé en tant que cuisinière pour des restaurants thaï à Rennes, et, au début des années 2000, elle a voulu ouvrir son restaurant, Chez Meh, boulevard de Verdun. Parallèlement à mon travail, je venais l'aider en cuisine le soir. Rapidement, le restaurant a pris de l'ampleur ; les gens ont découvert la cuisine de ma mère et avec mes frères, on y prenait goût. Les événements de la vie ont fait que ma sœur a repris un jour le relais et moi, j'ai fait ma vie ailleurs... »

Comment est né Chawp Shop ?

Taï : « Je voulais lancer une chaîne de restaurants asiatiques en m'appuyant sur la cuisine de ma mère. Sans forcément être en cuisine. Ce qui m'intéressait, c'était le côté business. J'ai mis un jour plein de photos par terre, je suis monté sur un tabouret et j'ai vu que dans tout ce patchwork d'images liées à la cuisine thaï, le bleu et le rouge resortaient, la tôle, le plastique... J'ai eu le déclic, en 15 jours le modèle est tombé. *Chawp* (aimer en thaï), je l'ai tiré d'un livre de cuisine

et *shop* c'est le côté moderne. On ouvre la première boutique rue de Penhouët en 2013. C'était un compromis entre fast-food et restaurant asiatique.
Ça marche : en 2015, j'ouvre place Rallier-du-Batty, début 2019 rue Nantaise et dans le haut de la place des Lices en septembre 2020. »

Depuis certaines adresses ont fermé et ton rapport à la cuisine a évolué…

Taï : « Oui, aujourd'hui, nous n'avons que le restaurant du haut des Lices. J'ai beaucoup aimé celui de la rue nantaise, il correspondait vraiment à ce que l'on voulait faire… Quant à ma vision de la cuisine, elle a commencé à évoluer grâce à des rencontres. Je pense évidemment à Sibylle et Greg de Pénates qui connaissent bien la cuisine du Laos et du nord de la Thaïlande. J'étais admiratif de ce qu'ils faisaient et leur confiance m'a fait du bien. Julien Lemarié aussi m'a orienté vers les bons produits. Avec eux, j'ai changé ma politique d'approvisionnement et j'ai davantage assumé. »

Vers une cuisine plus personnelle ?

Taï : « Ma cuisine, c'est ma vie, c'est ce mélange de cultures : un père vietnamien, une mère laotienne-thaïlandaise, l'Issan, la France… Je m'inspire de mon vécu et je pioche dans ma palette thaï en toute liberté pour donner par exemple un pad thaï homard, un pad thaï entrecôte, etc. On ne va pas non plus tout mélanger au hasard. Il faut qu'il y ait une trame, que ce soit pensé. On a une douzaine de base de sauce et telle sauce via plus correspondre avec tel élément… On ne met pas tout dans le wok et on mélange. Il faut que la cuisine ait du sens. »

Avec notamment un gros travail sur les sauces fermentées…

Taï : « Beaucoup ont découvert les fermentations, il y a quelques années. En fait l'Europe, s'est nourrie de ce que propose l'Asie depuis la nuit des temps. De nombreux souvenirs me sont revenus lorsque j'ai mis le nez dans la cuisine des fermentations. Je me souviens de mon père qui passait des épinards en saumure et qui mettait du riz cuit pour accélérer la fermentation. On attendait 15 jours à 3 semaines. Un jour, j'ai demandé à ma mère mais pourquoi c'est papa qui fait toutes les fermentations. Elle m'a répondu " parce que ses mains sont moins chaudes que les miennes. " Ma mère avait trois poubelles de cent litres de garum de poissons et ça puait la mort. On se rend compte aujourd'hui que ça fait sens dans l'éthique. Aujourd'hui, tu vois ça partout.
J'ai des marqueurs de cette culture-là dans nos assaisonnements, comme les garums de poissons que nous faisons maison. Cela donne un goût umami où tu n'as pas besoin de mettre de la sauce soja ou du glutamate. Le garum de crabe aussi donne un goût de dingue. Les pâtes de crevettes que tu piles, tu sales. C'est une odeur monstrueuse mais en goût c'est incroyable. Ce sont des éléments que j'avais mis de côté car ils sont clivants, mais au final, les gens suivent. »

Petite Nature

Premier *coffee shop* ouvert à Rennes, Petite Nature c'est LA cantine végétale et végan de la ville. Les plats préparés par Nathalie et Flavie Durou et leur équipe sont bons, gais, colorés et ils nous font un bien fou ! Ici, sur cette craquante place de la Rotonde, c'est le paradis des bols dragon, des super aliments, des burritoastés, des cagettes de pommes bio, des jus frais maison, des sourires et de la bonne humeur.

D'où venez-vous Nathalie et Flavie ?

Nathalie : « Bon alors, d'abord nous sommes sœurs, avec 10 ans de différence d'âge. Moi, l'aînée et Flavie la benjamine avec un frère entre nous. Nous sommes nées à Rennes et y avons fait nos études. Du commerce et des ressources humaines pour moi et architecture pour Flavie... »
Flavie : « Ensuite, nous sommes parties à Paris. Nathalie a travaillé dans la mode pendant 15 ans environ et moi, dans l'architecture entre Paris et Copenhague. Et puis, nous sommes revenues toutes les deux à Rennes pour des raisons personnelles.
Et voilà ! »

Il va falloir nous expliquer alors comment vous en êtes venues à la cuisine végan ?

Nathalie : « Nous sommes végétariennes toutes les deux depuis plus de 20 ans. Et même avant, nous ne mangions que très peu de viande. Notre père est originaire du Viêtnam et quand il cuisinait, il mettait beaucoup de légumes, et finalement, qu'un tout petit bout de viande. »
Flavie : « Végétariennes tout en étant gourmandes. On aime manger, découvrir de nouvelles choses. Nous sommes revenues à Rennes en 2012 et on a ouvert Petite Nature en 2013. Nous avions envie d'ouvrir quelque chose à notre image et ressemblant à que l'on aimait à Paris ou Copenhague, de ce que l'on voyait à Londres aussi. Et on a fait à manger comme on mangeait nous-même ! »

Les restaurants végétariens étaient rares à l'époque à Rennes, et vous ouvrez le premier *coffee shop* aussi !

Flavie : « En végé il y avait Saint-Germain des Champs, la biocoop et un peu Miam. L'offre était très limitée. On a ouvert quelque chose qui nous

ressemblait, avec une ouverture matinale dès 8 h et jusqu'à l'après-midi. Mais ça n'a pas pris… »

Nathalie : « Nous nous sommes vite rendu compte que nous faisions face à une réalité compliquée et à des clichés. On nous disait : "Mais que vont manger les gens si vous ne faites que du végétal ?" "Vous touchez une niche, que des femmes !" On avait l'impression d'ouvrir un ovni, les gens ne comprenaient pas ce que l'on allait faire. Et on avait affaire à des hommes qui nous prenaient pour deux petites nanas qui allaient jouer à l'épicière ! Ça a énormément changé en très peu de temps, en 10 ans. C'est fou ! »

Flavie : « Et dans le *coffee shop* c'était pareil. Il n'y avait que Chris de l'Arsouille à l'époque qui faisait de bons cafés. »

Et vous ouvrez dans un quartier un peu à l'écart du centre, peu passant quand même ?

Nathalie : « On n'a jamais vraiment cherché en se posant des questions sur le quartier. Flavie habitait rue des Trente ; on ne voulait pas être dans l'hypercentre… Et comme rien n'était très carré dans notre projet, on ne s'imaginait pas dans le centre avec une vitrine nickel… »

Flavie : « On s'est mises dans un petit coin tranquille, limite à se cacher. Les gens entraient et demandaient ce que nous faisions ! Il n'y avait rien de marqué, pas d'enseigne… Et pendant 2 ans, on a eu un échafaudage ! Les gens qui sont venus avaient vraiment envie (rires). »

Et c'est donc là, dans une ancienne boucherie familiale, que vous avez commencé à envoyer cette cuisine végétale créative et gourmande !

Flavie : « On a commencé par le bol Dragon, il y a dix ans, puis le bol Yoga un an après. On tirait notre inspiration des cuisines du Canada, de magazines, d'Internet, de chez Ottolenghi, à Londres, Rose Bakery rue des Martyrs, à Paris… Nathalie et moi sommes naturellement gourmandes en salé et sucré. Notre cuisine a toujours été intuitive avec des plats qui nous correspondent. »

Nathalie : « Et la cuisine végétarienne demande une réflexion sur les produits, sur les associations de goûts et de produits pour que ce soit complet et appétant. Le bio, le local et la saisonnalité, on n'y a pas réfléchi : c'est culturel chez nous. »

Flavie : « Par contre, c'est une cuisine qui nécessite pas mal de mise en place. On doit faire énormément de préparations différentes pour arriver à un plat global. On va avoir plusieurs choses bien cuisinées, bien assaisonnées. Et le tout doit être équilibré : des légumineuses, des légumes crus pour les vitamines, des supers aliments… »

Au fil des ans, vous avez également fait appel à d'autres cuisiniers dans votre équipe qui ont compté pour vous…

Nathalie : « Au bout de 2 ans, on a très vite été aidées par des gens qui nous ont beaucoup apporté. Devin, Martin, Emmanuelle, Gaëtan, Arthur… Chacun avec sa personnalité a apporté sa pierre à l'édifice. Ils nous ont aidé à garder un intérêt, ont toujours été très investis. C'est ce qui fait qu'aujourd'hui, nous en sommes là. »

Flavie : « Nous portons la ligne directrice, et Martin a par exemple apporté sa touche japonaise avec les currys japonais, les okonomiyaki… Rigoureuse et bonne technicienne, Emmanuelle nous a fait évoluer en pâtisserie ; Devin a amené le burritoasté avec les sauces pimentées ; Arthur est arrivé avec sa culture très bistro et nous a aidé dans le dressage, etc. »

Après le Covid, Petite Nature devient intégralement végan. Quelle image avez-vous de la scène végan rennaise ?

Nathalie : « Il y en a davantage heureusement. Au sein des restaurants classiques, il y a plus d'offres végé/végan et des plats plus travaillés. »

Flavie : « Moi, je trouve dommage de toujours prévenir à l'avance pour manger végan. Les cuisiniers ne veulent pas s'y mettre alors que ce n'est vraiment pas compliqué. Petite Nature c'est notre façon à nous de militer, sans forcer les gens, sans les contraindre… Voilà, ce qu'on fait, vous avez bien aimé ? Eh bien voilà c'est possible. Ce ne sont pas que des graines et vous n'allez pas avoir faim. »

AUX PRODUCTEURS

ACTRICES

Actrices rennaises

Les actrices du bien-manger ne sont plus cantonnées aux services en salle souriants et élégants. Dehors les clichés ! Aujourd'hui, de nombreuses Rennaises excellent en salle et prennent aussi le pouvoir dans les cuisines qu'elles soient gastronomique, bistrotière, *street food*… Elles s'affirment, imposent leur personnalité et la richesse de leur regard nouveau sur ce métier encore trop stéréotypé.

RENNAISES

Quelques actrices du bien-manger à Rennes

73

Racines

Lorsqu'elle revient à Rennes en 2017 en ouvrant Racines en lieu et place d'Aozeñ de Pierre et Caroline Legrand, Virginie Giboire fait figure de pionnière. La ville a évidemment déjà connu quelques femmes en cuisine, dans des bistros notamment, mais c'est la première fois qu'une femme occupe le poste de cheffe dans un restaurant gastronomique du pays rennais visant clairement l'étoile au guide Michelin. Les projecteurs se braquent rapidement sur elle, d'autant qu'elle arrive de chez Guy Martin et Thierry Marx à Paris. Elle fait front, fait partie de la vague de renouveau touchant la capitale bretonne à cette époque (avec Ima et Bercail), assume son rôle et décroche même une étoile en 2019, avec une cuisine à l'esthétique léchée. Elle s'entoure petit à petit de producteurs de qualité comme la maraîchère Hélène Réglain avec qui elle noue une relation toute particulière, étant même la seule à travailler avec elle à Rennes. C'est peut-être ça aussi la touche féminine en cuisine : faire confiance aux femmes comme aux hommes pour aller de l'avant. Comme sa confiance accordée à Romy Gesbert. « À mes côtés depuis trois ans et demi, elle est passée du poste de demi-chef à seconde. C'est un pilier de la maison en cuisine et nous échangeons énormément sur les plats, les produits, etc. » Sans oublier la pâtissière Beckie revenue récemment.

Racines déménage en 2020, se fixant dans une rue peu connue et peu passante du centre-ville. Là encore, un nouveau défi, d'autant que le lieu est un bloc de béton, pas évident à faire vivre. Virginie Giboire assume et avance : cuisine ouverte, longue banquette élégante, tons verts pour alléger l'ensemble, ouverture sur un patio contemporain, petit jardin à proximité pour s'approvisionner en fleurs, sauges, fenouils, livèche, aromates, mélisses, etc. Avec les années, la cuisine tend à devenir plus libérée, moins contrainte, plus personnelle. Une cuisine encore plus végétale et tournée vers la mer. Cette gourmandise servie un jeudi midi de printemps vient souligner ce parti pris : dans ce qui ressemble à une bouchée à la reine, débordant d'une pâte feuilletée croustillante, la seiche et l'asperge jouent les premiers rôles. Une seiche juste snackée mariée à une royale d'asperge, des asperges blanches en lamelles donnent une texture élégante, une émulsion au lait d'asperges, de l'huile ail des ours et enfin un crémeux encre de seiche et sésame noir. Une vraie gourmandise au féminin.

Est-ce facile de trouver sa cuisine lorsque l'on ouvre son restaurant ?

Virginie Giboire : « Pour moi en tout cas, cela ne l'a pas été. C'est dur de trouver sa cuisine quand tu as travaillé longtemps avec d'autres chefs. Et puis, quand tu es dans une logique étoilée, tu rentres dans un cadre assez codifié, il y a une pression… Aujourd'hui, plus ça va, plus je fais des plats qui me font plaisir, autour de l'acidité que je trouve avec les agrumes et les vinaigres notamment. J'aimerais évoluer vers une cuisine plus végétale et essentiellement autour de produits de la mer. Je pense notamment à ce plat de saint-pierre cru que nous avons imaginé rapidement avec Romy, autour de la courgette, du curry, du tagette du jardin… »

Existe-il d'après toi une dynamique rennaise et comment la vis-tu ?

Virginie : « Évidemment qu'il y a une dynamique, c'est certain. Et c'est important, déjà pour faire connaissance entre nous. Ce qui a vraiment été le déclic pour nous, c'est notre première participation au Marché à Manger. Là, on a commencé à faire des rencontres, à découvrir de nouveaux confrères. Je pense au collectif Nourritures aussi, même si cela s'essouffle actuellement. En fait, tout ceci permet d'aller les uns vers les autres. Aujourd'hui, cela se passe peut-être davantage par quartiers, en proximité. Moi, par exemple, je travaille avec La Petite Ourse et Ima qui sont mes voisins. Récemment, on s'est mis à trois pour commander des asperges. Julien Lemarié m'a fait rencontrer un nouveau mareyeur également… Il y a une bonne dynamique. »

L'élégance jusque dans les propositions de *softs* pour accompagner le repas : Sirop de pamplemousse, rose et poivre de timut ; Hibiscus blanc, vanille et fève de tonka. Délicieux !

Reportage

RACINES • SERVICE !

Entretien croisé

RACINES & LA PETITE OURSE

VIRGINIE GIBOIRE & CHARLOTTE BROCHARD

À la tête, avec leurs maris, de Racines et de La Petite Ourse, Virginie Giboire et Charlotte Brochard sont restauratrices toutes les deux dans le même quartier du centre de Rennes. Deux femmes, deux mamans qui n'ont toutefois pas le même vécu dans la restauration ni les mêmes réalités. Sauf celle de se donner corps et âme dans leur métier et leur vie personnelle.

On parle de plus en plus dans ce métier, comme dans bien d'autres malheureusement, de la difficulté d'y exister en tant que femme. L'avez-vous vécu personnellement ?

Virginie : « J'ai une fille qui vient de partir de chez moi. Elle est très sensible. C'est dommage à dire, mais je lui ai vraiment conseillé de s'endurcir si elle veut continuer, sinon elle se fera écraser. Cela fait 20 ans que je fais ce métier... À Paris, j'étais la seule femme dans une brigade de 20 personnes. Il a toujours fallu que j'en montre plus que les autres, plus que les gars. Tu portes les rondeaux de 30 litres toute seule parce que tu ne peux pas demander à un gars. Une fois, je suis tombé dans une boîte graveleuse. Un des gars m'a mis une main au cul un jour. Je me suis retournée, je lui en ai mis une. Après, plus personne ne m'a embêtée. Si tu n'as pas d'assurance dans ce métier, c'est fini pour toi. Il faut prouver deux fois plus. »

Charlotte : « Moi, je n'ai pas 20 ans de métier. Je n'avais pas d'antériorité donc pas d'*a priori*. Alors, j'ai foncé. Mais c'est vrai, qu'à un moment, je me suis posé la question de la crédibilité pour le vin… En me disant aussi, non « on est en 2020 on ne va pas te mettre à mal parce que tu es une femme… » Eh bien, en fait, c'est fou le nombre de personnes, souvent des commerciaux, qui t'appellent en demandant à voir LE responsable. C'est fatiguant de devoir régulièrement expliquer et parfois insister pour dire que tu es la patronne. Tous ne sont pas comme ça évidemment ! Après, à Rennes, il y a eu suffisamment de femmes qui ont débroussaillé le terrain avant moi pour que les choses se passent mieux. »

Virginie : « Moi ça fait plus l'effet inverse. Des gens veulent me parler mais ne demandent pas Fabien. Du coup, c'est un peu gênant pour Fabien alors que l'on est à 50 / 50 dans l'affaire. »

Charlotte : « Ça, c'est l'effet chef. Moi, je peux porter 60 assiettes dans un service, personne ne me dira rien. Germain en apporte une alors là, tout de suite, on s'extasie ! »

Parfois, on observe des cheffes dans ce métier préférant s'entourer de femmes afin que les relations au travail soient plus naturelles, plus saines. C'est une tentation ?

Virginie : « Moi, avec les filles, c'est soit ça passe, soit ça casse. En fait, j'essaye de ne pas faire de différence. C'est le poste et surtout la personnalité avant tout. Je préfère juger les gens sur leur personnalité que sur leur sexe. »

Charlotte : « Moi, ça me fait rêver de travailler uniquement avec des femmes. Ça tranquillise, ça enlève de la tête toute perspective d'ambiguïté. Ça doit être kiffant ! »

Vous êtes toutes les deux mamans : Virginie, de deux garçons de 8 et 11 ans, Charlotte, d'une fille de 6 ans. Est-ce compliqué pour une femme et une maman d'assumer ce métier ?

Virginie : « Je pense clairement que si des femmes arrêtent ce métier, c'est surtout à cause de ça. Quand j'étais au Mandarin à Paris, on m'a proposé à un moment une promotion mais j'ai dû refuser car j'allais chercher mon fils à la crèche à 18h. Fabien gagnait davantage et donc, il fallait préserver un des deux postes. »

Charlotte : « C'est très compliqué d'être maman en étant restauratrice. Il faut être très bien entourée. L'an dernier, quand Simone a été régulièrement malade pendant un mois, cela a été très compliqué. On n'a pas de congé enfant malade, on ne peut pas télétravailler ! C'est très rude. Après, nous ne sommes pas les seules à exercer un métier contraignant… La question du temps et de la disponibilité ici est primordiale. Surtout quand deux parents sont dans le restaurant comme chez nous ! Le cauchemar, c'est quand on nous appelle à 11 h 30. C'est l'horreur. Nos parents sont à 1 h 30 et 1 h de distance, ils ne peuvent donc pas gérer l'urgence. Il faut avoir un gros réseau d'amis, de baby-sitter… qu'on a éprouvé au fur et à mesure des années… On a eu une maîtresse qui nous appelait uniquement à partir de 14 h 30. Je ne peux m'empêcher de penser qu'elle avait la délicatesse de nous appeler après le temps du service… d'autant qu'elle était cliente. »

Et c'est évidemment un coût supplémentaire que certaines femmes ne peuvent pas se permettre…

Charlotte : « Lorsqu'au début, nous avons commencé à étudier la possibilité d'ouvrir les jeudis et vendredis soir, nous avons cherché quelqu'un pour garder Simone. Le coût était tel, que ça correspondait au fait de venir travailler pour payer la garde. Ça m'a fait pleurer… Nous avons renoncé. Cette situation a clairement orienté notre projet professionnel mais, au final, nous sommes très contents de notre fonctionnement actuel (ouverture uniquement les midis, en semaine). »

Virginie : « Nous, clairement, nous n'aurions jamais pu faire sans la présence de mes parents. Impossible. Et à une époque, tout mon salaire partait dans la nourrice du soir… »

Les enfants sont-ils impactés par vos métiers très prenants ?

Virginie : « Nous, le petit veut être pâtissier chez Racines (rires). »

Charlotte : « Ça les impacte positivement, je pense. C'est une vraie fierté pour eux d'avoir des parents restaurateurs… notamment lors de la fête de l'école quand tous veulent goûter le gâteau de Germain ! »

Virginie : « Ah moi, c'est pareil : elles ont distribué les autres gâteaux et caché le mien pour la fin ! »

Peska

Et si en cuisine, l'avenir de la mer passait par les femmes ? C'est un peu ce que l'on se dit lorsque l'on referme la porte bleue de Peska, ce néo bistro de curiosités marines comme l'a délicieusement baptisé sa créatrice, Clémentine Guillois, en 2019. On vient de se prendre un sacré *shot* d'iode, on se sent bien, équilibré et on se dit aussi qu'on a bien fait car, dans ce minuscule restaurant du bout de la rue de Saint-Malo, autrefois haut-lieu du rock alternatif rennais, la mer et son vivant sont toujours respectés. Enfin un vrai bon restaurant dédié à la mer, loin des brasseries qui envoient de la Saint-Jacques toute l'année, des poissons de chalut quelle que soit la saison. Chez Peska, on aime les produits de la mer, mais surtout, on respecte cet environnement si fragile et si cher aux Bretons. Et bien que ce soit très subjectif, cela commence par une ambiance des plus abyssales avec les gyotaku de Luc Legendre et d'autres planches de poissons

dessinés, des tables en Formica bleu, des chaises d'un autre bleu profond et *cosy*... On plonge dans cet univers avec bonheur pour un grand rafraîchissement des papilles et de l'esprit. Sur la carte, on a le choix entre les tapas marines ou les plats plus copieux comme ce lieu noir de ligne nacré vapeur asperges blanches, fenouil, algues et condiment d'asperges fermentées. Ici, c'est vapeur, mais ailleurs ça peut être snacké (notamment la seiche), confit... Sans oublier le cru, omniprésent sur cette carte changeante avec les saisons. Les dernières Saint-Jacques de plongée de l'équipage Welga sont d'ailleurs déclinées en carpaccio, comme pour mieux en profiter en bouche, huile de poivre, vinaigre de rhubarbe et côtes de betteraves. Ou encore, ce mulet noir au couteau tout en fraîcheur avec son concombre qui terminera de vous convaincre.

Les produits sont beaux et bien pêchés, à la ligne souvent, au casier parfois ou en plongée comme on l'a vu. Sans oublier les légumes qui jouent des coudes avec les poissons et fruits de mer pour jouer les premiers rôles. Mais Peska va au-delà du *sourcing* en travaillant la totalité des produits. Pas question par exemple de jeter les... gonades de seiche cuisinées en persillé. Pas plus que les bardes de Saint-Jacques évidemment, les arêtes, etc.

On y va pour tout ça chez Peska, et peut-être aussi pour soutenir une équipe presque 100 % féminine (il y a un homme en cuisine) avec Clémentine, Pauline, Clara en fer de lance. Si vous passez le matin, vers la fin de la mise en place, « nous sommes dehors pour nous aérer avant de prendre le service. C'est important ! » L'occasion de croiser et d'échanger quelques mots avec les voisins, les commerçants d'à côté... Les filles de la mer en ville.

Comment imagines-tu les plats à la carte Pauline : c'est difficile ce processus de création ?

Pauline Iafrate : « Généralement, c'est moi qui donne le tempo, en fonction de l'équilibre de l'ensemble et ensuite, on en discute. Là par exemple, on avait déjà un dessert un peu complexe avec de la fraise, du raifort et des algues, donc j'ai réfléchi à quelque chose de plus rassurant en partant sur un esquimau vanille-sarrasin. Sinon, on est assez prises les unes les autres, et ça va vite : on va à l'essentiel. On échange après le service, lorsque l'on revient du marché aussi, quand on reçoit les produits... »

Et rien ne se perd donc dans les produits. Vous allez jusqu'au bout !

Pauline : « Oui, on ne détaille pas seulement les filets en jetant le reste. Les têtes, les arêtes, les coraux de Saint-Jacques en fin de saison aussi. Sur une focaccia, on en fait un tarama très iodé, un peu comme les oursins. Les bardes de Saint-Jacques, nous les cuisinons comme des tripes, en ragoût. »

Quel plat as-tu préféré envoyer à Peska ?

Pauline : « Oh c'est compliqué... Je dirais mon premier : un poisson confit dans l'huile d'olive, accompagné d'un bouillon de champignons et sarrasin et légumes de saison. C'est le premier plat que j'ai envoyé en tant que cheffe à Peska. J'aime beaucoup ce type de cuisson, confit à l'huile. Je trouve que cela respecte vraiment le goût du poisson. Et puis, ce sont les premiers retours que j'ai obtenu d'un plat que j'avais imaginé. C'est très gratifiant. »

Est-ce que le fait de travailler quasiment entre femmes créé une dynamique particulière ?

Pauline : « Ça créé quand même une force, cela donne un élan et il y a une vraie compréhension entre nous. Qui plus est avec la question de la maternité. Lorsque l'une d'entre nous arrive en disant « je n'ai pas bien dormi cette nuit... », on comprend ce qu'elle veut dire, pas besoin d'argumenter pendant 3 heures, pas de haussements de sourcils. On se serre les coudes. Après c'est surtout une équipe avec des personnes qui partagent les mêmes valeurs, hommes ou femmes. »

Caravane Palace

Vous êtes prêts ? Une cuisine *street food* et gastronomique des produits de qualité au feu de bois au coeur de Rennes. C'est inédit, gonflé, bien fait et signé d'une cuisinière de caractère, Noémie Cadré. C'est début 2023 que la trentenaire, ancienne sommelière, a concrétisé son projet au milieu de la vieille rue Saint-Georges, à deux pas du Parlement de Bretagne. Un petit restaurant tout en longueur connu des Rennais pour avoir précédemment abrité les enseignes Debriñ et Kebreizh. Aujourd'hui, chez Caravane Palace, ça sent le fumé, le voyage, les goûts francs et la cuisine ! Noémie est là, au fond du restaurant, devant son feu où les bûches de hêtre et de charme se consument lentement. Elle ajuste sur les grilles ou en les ficelant, les produits cuisant doucement ou se faisant délicatement fumer. Après avoir été saumurés 24 heures, les poulets suspendus au dessus du feu se font asperger d'un spray de jus de pommes. Les dorades fument tranquillement un cran au dessus. Plus bas, une casserole bubule sur le feu tandis que le gras de côtes de cochon suspendues goûte à côté. Lait, tarama, mascarpone, volailles, poissons, légumes... tout ici est fumé, de l'entrée au dessert. Nous aussi en sortant, mais avec cette satisfaction d'avoir découvert une cuisine rustique, brute et élégante à la fois.

Pourquoi Caravane Palace ?

Noémie Cadré : « C'est une double identité, qui rassemble deux cuisines que j'aime. Le côté *street food*, à emporter, les émotions du voyage c'est Caravane. Et puis le restaurant gastronomique, plus posé, plus travaillé, c'est le Palace. Et enfin, parce que les mots claquent bien je trouve.

Le voyage et la haute gastronomie, deux cuisines qui correspondent à ta personnalité et à ton parcours ?

Noémie : « Oui, totalement. Et j'ai commencé par les palaces d'ailleurs. En tant que sommelière. C'est au Georges V, aux côtés d'Éric Beaumard, meilleur sommelier du monde 1998, que j'ai découvert le vin. J'ai appris énormément. Je suis ensuite passée à l'Arpège et au Bristol. Là, tu apprends le détail. Tu sors de là, tu es une machine. Et puis, je suis partie en Espagne, il y a eu la découverte de la fabuleuse cuisine fumée de Quique Dacosta à Dénia. J'aime beaucoup la culture espagnole, le flamenco, l'Andalousie... les vins espagnols. Cela m'a ouvert sur une gastronomie que je ne connaissais pas. Toutes les fumaison étaient faites maison, les poulpes étaient suspendus pour sécher... J'ai également voyagé plus tard en Argentine et au Pérou. Et j'ai été charmée par la cuisine de Francis Mallmann où il y avait sept types de feux différents... C'était très rustique, une expérience formidable. »

Sommelière de métier, à quel moment es-tu passée en cuisine ?

Noémie : « Avant l'Amérique du Sud, j'ai travaillé deux ans à Paris où j'ai découvert le monde du bistro parisien et des vins naturels. Et puis, Sibylle

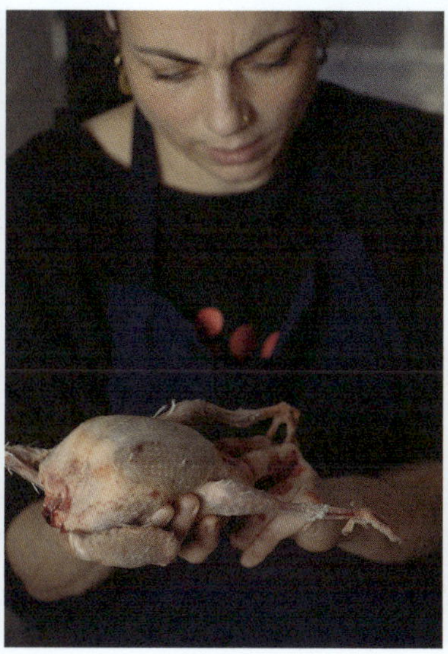

et Greg qui prenaient les cuisines de Gros. Ils m'ont emmenés avec eux dans leur aventure en tant que commis de cuisine. Ensuite, après mes voyages, ils m'ont rappelé pour participer à Rennes à l'aventure Bercail. »

C'est à ce moment que tu arrives à Rennes ?

Noémie : « Oui, je ne connaissais pas du tout la ville, n'y avais aucune attache. J'ai travaillé un an en cuisine à Bercail. Ce sont eux qui m'ont formée, j'ai appris a construire une carte, à comprendre les produits. Sibylle quand elle t'enseigne la cuisine, c'est facile : elle sait bien t'expliquer. Greg, c'est très technique. »

On te croise ensuite chez Origines et puis, ce projet de cuisine fumée...

Noémie : « Oui, j'avais cette idée en tête depuis un bout de temps. L'ancien Debriñ était à vendre : ça a pris plus de temps que prévu alors je suis allée faire des saisons en gastro... mais ça ne me convenait plus. Il était temps de concrétiser Caravane Palace... »

Alaska

Émilie Pierron

Un jour d'été, Émilie Pierron débarque dans une réunion du collectif Nourritures, signataire d'un manifeste pour une gastronomie humaine, durable et en mouvement initié à Rennes au sortir du Covid. La réunion se tient dans les jardins de Bercail, à Pacé. Il n'y a là que des chefs et des restaurateurs qui se connaissent pour la plupart. Elle ne connait personne mais son écoute sincère des autres, sa pertinence et son humilité semblent faire l'unanimité. « Lorsque l'on n'est pas du milieu comme moi, mieux vaut ne pas se poser de question. J'y suis allée, me disant que l'on a toujours intérêt à jouer collectif et à aller vers les autres. »
Cette femme de 44 ans, originaire de l'Est de la France, est une novice dans le monde de la cuisine. Autodidacte, elle est gérante-associée du snack-brocante, Alaska, à l'ambiance unique à Rennes. « Quand tu dis que tu fais du snack, ça va, tu ne mets pas la barre trop haute, donc c'est plus facile à assumer. Tu arrives avec des ambitions limitées quand même… ». Ici, c'est plat du jour (poulet kalamata, tataki de magret de canard, bœuf au gingembre, pulled-pork, carottes miso…), tartes, lasagnes, plats végés, petits desserts, etc. En toute simplicité mais avec sincérité comme en témoigne la liste des producteurs de qualité.
Émilie, comme toutes ces personnes venues à la restauration et à la cuisine sur le tard, apporte de la fraîcheur et un regard nouveau à la scène culinaire rennaise. Sans œillère, sans formatage. « Lorsque j'ai passé mon CAP cuisine récemment, j'ai bien vu qu'il y avait encore une vieille école. Du genre " je ne suis pas misogyne, mais… ". Il y a encore pas mal d'égo masculin dans ce milieu mais justement, à Rennes, on ne le sent pas. Il y a beaucoup d'entraide au contraire. Quand on échange avec les autres, ce que j'aime c'est que tu ressors tout le temps au minimum avec une idée. Et c'est très bien. »
Ce qui n'est pas pour déplaire à cette passionnée de cuisine qui, avant d'ouvrir Alaska, a participé à l'émission de télé Un dîner presque parfait. « Vers 25 ans, j'ai fait un tour du monde, un peu à la découverte des cuisines du monde car la cuisine a toujours été un fil conducteur dans ma vie. Au-delà du goût ce qui m'intéresse également c'est le moment d'échange, la façon dont la cuisine lie les gens… » Une éthique mise en pratique dans la cuisine d'Alaska. « En fait, ici, celui qui est là le matin est chef de la journée et gère les services. Ce fonctionnement tournant développe l'empathie. Personne n'est indispensable, on fait attention aux autres, il n'y a pas la salle d'un côté et la cuisine de l'autre… »

Friand

Il faut en avoir des idées pour habiller un bloc de béton brut et le transformer en restaurant accueillant, sans faire appel à une armée de décorateurs d'intérieur.
Des idées, connaître un peu le métier et les envies des habitants pour réussir son coup… Clémence Le Mat possède un peu tout ça, même si le succès dépend de bien d'autres paramètres. Mais parions que son Friand touche les gens. C'est déjà le cas d'ailleurs…
À 32 ans, la Rennaise connaît bien sa ville. Elle y a passé toute son enfance et sa vie d'étudiante, usant le *dancefloor* du Délicat, le comptoir de l'Aventure et les salles des restaurants et bars lors de boulots d'été. « Moi, j'étais plutôt place des Lices étudiante, mais maintenant, je suis plutôt rive sud, » sourit-elle avec ses dents du bonheur. On la retrouve sud vilaine justement lorsqu'elle intègre l'équipe de La Kitchenette en 2016, où elle forme un duo percutant avec Léna, partie depuis régaler en Finistère sud. Un Covid plus tard, on la retrouve dans la minuscule cuisine de Rewined avec Émeline, partie depuis régaler en Finistère sud… Clémence, elle, s'accroche à sa ville de coeur pour y ouvrir son propre restaurant, Friand. Un bloc de béton du côté de la gare, dans une ambiance très new-yorkaise, en pied d'immeuble. À l'intérieur ? Du béton brut, des touches industrielles, des tapis, des meubles anciens, du néon, des bouquets… Friand est un mix assez personnel avec un accueil lumineux dans tous les sens du terme. On pousse la grande porte vitrée et on tombe sur le large comptoir de la cuisine où trônent les fameux cookies de Clémence, les jus de Mathilde Giuliani qui l'accompagne dans l'aventure en salle « et parfois pour donner des coups de mains en cuisine. »
Ici, c'est la maison des choses simples et sincères. Des plats du jour de saison comme ce ceviche de dorade à la péruvienne, des Saint-Jacques fenouil et pommes de terre rôties, des plats inspirés de la cuisine italienne : pâtes aux fruits de mer, polpette à l'italienne et végé avec ricotta et légumes de saison… Un plat végé quotidien c'est la règle, en plus des fameux friands en entrée où, là encore, on a le choix entre végé et non végé. Une chouette cantine sourcée également avec une large palette de producteurs, ce qui ne va pas forcément de soit pour ce type de restaurant du midi : Bocel, Pradenn, volailles bio Naod Breizh, poissons et fruits de mer des criées de Lorient et Quiberon, épices shira… C'est important de manger en confiance.

Deux filles aux commandes… pour un restaurant des moins « girly » de la ville non ?

Clémence : « Parce qu'on est deux filles, les gens nous étiquettent restaurant de filles, de nanas… alors que franchement, on n'est pas vraiment des nanas, nous ! (Rires) Je pense qu'il y a plus "girly" que nous ! Les mecs vont en face manger une pièce du boucher. En vin, c'est pareil, ceux qui veulent une grosse appellation, ils vont en face alors qu'on a une belle sélection de vins et pas que des *softs* ! L'autre jour, Mathilde en avait tellement marre qu'elle m'a demandé de faire une côte de bœuf (rires). Moi, c'est pâté-vin rouge, mais un bon pâté. J'adore les pâtes, toutes sortes, et les frites maison… le gras quoi ! »

Ton univers ce sont les bistros ?

Clémence : « Ah oui, clairement ! Pénates, Mirlitantouille. J'aime bien prendre des coups à l'Ambassade, j'adore la terrasse. Et s'il manque quelque chose à Rennes, ce serait un espace convivial dans des halles… Un Marché à Manger permanent avec des petites échoppes. »

Pourquoi Friand ?

Clémence Le Mat : « C'est à la fois un nom, un adjectif, l'idée d'une cuisine simple un peu régressive et gourmande… En entrée, il y a toujours un friand, végé et non végé. Et puis, à l'intérieur, on peut tout mettre. Moi qui ne voulais pas faire de gâchis, cela me permet de refaire une recette avec des restes de cochon de Pradenn par exemple. »

OH MY LICHE
FILTRE 3.5
DOUBLE 3.5
MACCHIATO 2.7
LATTE 3.8
CAPPUCCINO 4.5
MOCACCINO 5.0
CHAI LATTE
LONDON FOG
MATCHA LATTE
GOLDEN MILK
CITRONNADE
JUS PRESSE
EN EXCLU
ICED COCO CHAI 5.5
DESSERTS
oma

PAUSE COFFEE

Pause coffee

Le *coffee shop* c'est cette petite étincelle de la tendance qui fait qu'une cité est de son temps. On y croise des amoureux du café de spécialité, des cols blancs matinaux inspirés par le *take away* anglo-saxon, des étudiants penchés sur un *cheesecake*. C'est aussi un espace de liberté où l'on peut fainéanter la journée autour d'un chaï latte. C'est bobo, jeune, souvent végé et forcément Rennais !

Difficile de ne pas lier le Café Albertine à sa créatrice, Solenn Nuñez. Cette femme de 46 ans, originaire de Lamballe dans les Côtes-d'Armor, a été l'une des pionnières du *coffee shop* à Rennes en ouvrant son café-cantine quelques mois après Petite Nature en 2014. Au menu : cafés de spécialité, plats végétariens, jus frais et ambiance dépouillée et colorée.

Café Albertine

Comment vient l'idée du Café Albertine à une époque où le *coffee shop* n'est pas développé à Rennes ?

Solenn Nuñez : « Avant de me poser à Rennes, j'ai vécu presque 7 ans à Madrid. Et c'est là-bas qu'est née cette idée d'ouvrir un café-cantine. J'avais pas mal bougé et observé ce qui se faisait. À Madrid, j'aimais me poser dans ce type de lieux, prendre un café, manger rapidement... Je voulais ouvrir à Madrid, mais l'Espagne a connu à l'époque une vive crise économique et nous avons décidé de revenir en Bretagne avec mon mari. Et nous avons donc dupliqué le projet ici... Avant d'ouvrir, je me suis aussi formée au café chez Coutume, à Paris. »

Alors, justement, qu'est-ce qui fait l'originalité de Café Albertine ?

Solenn :« Alors, en premier lieu c'est bien-sûr le café de spécialité. Je travaille avec Cime Café à Nantes qui propose des cafés exceptionnels. Mais, même si on fait vraiment attention à notre café en respectant le temps d'extraction, la pesée et le service avec une merveille de machine Marzocco assemblée à la main à Florence, nous ne sommes pas une cave à cafés comme Café 1802. Notre autre grand atout c'est la cuisine. »

Une cuisine très végétarienne d'ailleurs ?

Solenn : « Exclusivement, à l'exception d'un sandwich que l'on a appelé " l'intru ". La cuisine s'est beaucoup inspirée de celle d'Ottolenghi, et également d'une femme cheffe belge et catalane basée à Barcelone : Chloé Sucrée. C'est vrai que l'on a beaucoup de plats aux accents d'ailleurs, comme récemment ce risotto que j'ai beaucoup aimé : petit épeautre, courgette fondante, pesto de fanes de radis. »

Que penses-tu des *coffee shop* à Rennes ?

Solenn : « Il n'y en a pas assez à mon goût. Petite Nature, Café 1802, Bourbon d'Arsel, Gang, 7 grammes... C'est trop peu : j'aimerais en découvrir bien d'autres. »

Et tu manges où alors ?

Solenn : « J'adore la cuisine de La Petite Ourse, Chez P'tit Louis, Chez Paul pour manger de la viande, Le Bocal, Bombance... »

Comment perçois-tu la clientèle rennaise ?

Solenn : « Les Rennais sont vraiment plus pointus, plus exigeants, très calés sur les saisons, les origines des produits... Ils posent beaucoup de questions. La clientèle est également plus engagée qu'avant. Ce que j'adore dans ma clientèle, c'est qu'il y a aussi plein de mecs qui viennent manger plusieurs fois par jour. Albertine n'est définitivement pas un café de filles ! »

Lorsqu'un matin de la semaine, on pousse la porte de Café 1802, c'est comme si l'on franchissait le seuil de l'unique bar portuaire d'une île bretonne. Les habitués sont rassemblés autour du petit comptoir, courbés vers leurs cafés, tous bien serrés. Ils sont là pour déguster. Ils parlent café de spécialité là où, dans n'importe quel autre café (ceux des îles par exemple), on parlerait du quotidien, paradis des échotiers. De l'autre côté du comptoir, le fan de foot Fréderic Sauvaget s'active devant une multitude d'ustensiles dont la Rolls des machines à café, une Marzocco. Sur les murs montant vers l'étage en mezzanine, une petite fresque oriente les novices : cortado, flat white, cappuccino, mocaccino, ristretto, espresso, lungo, etc. À Rennes, Café 1802 est le temple du bon café depuis 2017, date de la création du lieu par Frédéric Sauvaget, le barista, et Renaud Le Duc, le torréfacteur. Car oui, cette enseigne n'est pas seulement un café, « nous avons également une activité de torréfacteur pour les particuliers et pour les professionnels comme Petite nature, Caravane Palace, Fezi... » Et puis on y mange aussi ! Une cuisine essentiellement végétarienne et végane concoctée par Marie Hameaux, aperçue un temps du côté de feu La Grenouille à Grande Bouche. Voilà ce qui fait de ce Café 1802 une adresse de caractère avec des partis pris assumés et emballants !

Café 1802

Marie Hameaux

Ancienne de la communication au CNRS, Marie Hameaux s'est reconvertie à la cuisine en 2018 avant d'arriver à Rennes il y a trois ans. Seule en cuisine, elle poursuit une ligne végétarienne et végane « inclusive » au Café 1802. « Depuis quatre ans, le café a pris le pli du végan et du sans gluten pour satisfaire le plus grand nombre. Du coup la carte est simple avec une salade ou une soupe, des tartines dont une carnée, un plat de la semaine et trois gâteaux végans, sans gluten et classique. Récemment, l'un des plats a connu un joli succès : c'était un risotto, bouillon de légumes, et tahini pour apporter le crémeux. Le tout servi avec des courgettes crues et cuites, des graines, un crumble au sarrasin et paprika fumé ! »

En quoi le Café 1802 se démarque des autres *coffee shop* rennais ?

Frédéric Sauvaget : « Notre marque de fabrique, notre personnalité c'est le café de spécialité, acheté pour environ 60% en direct, avec une note de 85 à 90. Pour être de spécialité, un café doit être noté au-dessus de 80. Ici, nous optons pour une torréfaction légère avec un maximum d'arômes. Les arômes fruités et floraux vont se transformer en acidité en espresso et toutes les méthodes lentes, là on va avoir vraiment l'aromatique qui va se développer. Nos espressos sont plus acides que la moyenne. Comme El Martillo, où l'on est sur les cerises confites et les zestes de citron. »

Et l'on y croise une clientèle d'amateurs de cafés !

Frédéric : « En général, les gens ne viennent pas ici par hasard. L'hiver dernier quelqu'un m'attendait à l'ouverture et me demande un V60 (méthode d'extraction douce). Autant te dire que lorsque tu as quelqu'un qui t'attends à 8 h pour te demander ça, tu as affaire à un spécialiste ! C'était un anglo-saxon qui venait de Los Angeles. Le café de spécialité est très répandu dans les pays anglo-saxons. À Rennes, cela a bien bougé mais il n'y a pas tant que ça de *coffee shop*. Mais nous sommes ouverts évidemment à tout le monde et nous sommes ravis d'orienter les gens ! »

L'espresso

« Dans l'espresso, tu as les huiles qui coulent d'abord. Ensuite, l'acidité, la sucrosité et l'amertume astringence. Alors, pour apprécier un espresso, il faut bien tout mélanger. »

AVIS DE RENNAIS

Les Tasters

Derrière la page Instagram Les Tasters qui rassemble près de 13 000 personnes, se cache Joris Bedeau. Un comédien intermittent du spectacle partageant sa vie entre Paris et Rennes. Un épicurien à l'affût des tendances culinaires. Un testeur passionné de *coffee shop*, de *street food*, de boulangeries.... Un fin observateur de la scène culinaire rennaise. .

Comment vous êtes-vous intéressé à Rennes ?

Joris : « Lorsque je faisais de la veille sur les tendances culinaires à Paris, j'ai observé ce renouveau des bistros, cette apparition de la *street food*, des *coffee shop*, des lieux où l'on proposait du pain au levain.
Et lorsque s'est monté Le Marché à Manger en 2016, je me suis dit, ok ça démarre à Rennes ! »

Est-ce que la scène culinaire rennaise ressemble à celle d'autres villes ?

Joris : « Non, justement. Il y a des particularismes à Rennes. Je pense notamment à cette notion de collectif qui me paraît beaucoup plus forte à Rennes qu'ailleurs, où ça se tire dans les pattes. C'est plus petit qu'à Paris, il y a moins de monde, on se connait… C'est plus facile. Il y a un côté collégial, un beau réseau. On s'échange des adresses de producteurs, il y a une sorte de bienveillance : je trouve ça fabuleux. Culinairement parlant, les gens qui se sont lancés en premier dans la *street food* à Rennes étaient aussi solides. Parfois issus du bistro comme Cook-Cook, un des premiers *foodtrucks* qui a disparu je crois depuis. »

C'est le paradis alors ?

Joris : « Non, tout n'est pas parfait évidemment. Ce qui est plus compliqué ici c'est que les pros qui se lancent dans la *street food* doivent davantage expliquer les choses aux clients. Je voyais récemment une *street food* qui était servie dans des assiettes… comme on le fait à Londres d'ailleurs. Eh bien, les gens ne comprenaient pas. C'est pareil pour certains produits, le pastrami etc. Il faut expliquer… On ne peut donc pas complètement se lâcher, ou alors, il faut vraiment expliquer ses choix. Et puis, c'est parfois un peu austère dans les propositions. On reste classique, sans dénaturer le produit. Ça manque un peu de folie. »

Quelles sont tes adresses phares à Rennes ?

Joris :« Pour la *street food* j'aime bien ce que fait Général Tao, notamment lorsqu'ils étaient en pied d'immeuble sous les Horizons. J'aime beaucoup Banco aussi : ils ont une énergie incroyable et n'hésitent pas à changer leur offre. Récemment, j'ai découvert Caravane Palace. Je trouve ce projet ambitieux avec une ligne directrice incroyable autour du fumé. J'adore les doubles formats comme ici, *street food* le midi et plus haut de gamme le soir. J'aime beaucoup les *coffee shop*, Gang avec son côté new-yorkais, Café 1802 pour la torréfaction et la cuisine végétarienne. Et puis, deux étapes obligatoires pour moi à Rennes : Petite Nature pour sa cuisine végan et cette fabuleuse boulangerie des frères Daniel : Au four et au moulin.

Oh My Biche

Pour celles et ceux qui ont l'habitude de voyager outre-Manche ou outre-Atlantique, l'univers du *coffee shop* rennais Oh My Biche rappellera assurément des souvenirs. Ceux des petites enseignes de *coffee shop* indépendants plantées dans une rue *trendy* de Shoreditch, ou à un croisement de Brooklyn, ceux des intérieurs aménagés de briques et de plantes, des brunchs gourmands, des pâtisseries addictives comme ces tartes au citron largement meringuées… Julie Blondeau et Francis Rocul, les créateurs de Oh My Biche, ne cessent de s'inspirer et de se nourrir justement de ces exemples anglo-saxons pour perpétuer la dynamique de leur enseigne lancée en 2017 et renouveler sans cesse leur carte *food*. Sur le Mail ou aux Colombiers, on s'y régale de *fish & chips*, de bagels, d'œufs cilbir, de chakchouka, de *chicken waffle*, d'halloumi toasts… C'est bon, gourmand, coloré et franchement, Francis, Julie et sa sœur Chloé sont accueillants au possible et méritants, toujours derrières leurs deux affaires sur le mail et place du Colombier, dès potron-minet. Et on regrette leur Oh My Bear, désormais fermé, qui envoyait des plats de partage à vous expédier direct au cœur d'East London.

D'où venez-vous Julie et Francis ?

Julie Blondeau : « Je suis originaire de Romillé, près de Rennes, et je suis issue du monde de la restauration puisque j'ai fait le lycée hôtelier de Dinard, avant de partir travailler à l'étranger, Canaries, Suisse, Italie... et revenir à Rennes. »
Francis Rocul : « Et moi, je suis Rennais pur jus, du quartier de Maurepas. J'ai fait service-bar à Ker Lann et ensuite, j'ai travaillé dans pas mal de bars... »

Rappelez-nous un peu les débuts de Oh My Biche...

Julie : « On a ouvert ici, en septembre 2017, l'année de nos 30 ans, dans une ancienne épicerie exotique, pour faire un lieu qui nous ressemble. Moi j'étais plutôt restaurant et Francis plutôt bar... Sur le Mail, à l'époque, c'était plus familial qu'aujourd'hui et cela convenait parfaitement à ce que l'on avait envie de proposer. Des jeunes trentenaires actifs, des familles, des retraités... Donc, ce que l'on proposait, cantine le midi et brunch à la carte le week-end, a tout de suite plu aux gens. »
Francis : « Et dans l'assiette, nous avons lancé des plats inspirés de l'étranger et gourmand, le tout à la carte ! Chakchouka, pancakes au sirop d'érable et bacon inspirés du Canada, des *grilled-cheese*, des sandwichs aux œufs... On n'en voyait pas beaucoup à l'époque. Avec le brunch, on se faisait ramasser tous les dimanches ! Les gens faisaient la queue et mangeaient dehors, c'était la folie. »

Aujourd'hui, après plusieurs expériences compliquées (ouvertures et fermetures de Bibiche Club, la Bakery, Oh My Bear) vous vous concentrez sur la marque Oh My Biche au Colombier et sur le Mail ?

Julie : « Oui, les gens nous connaissent avec cette marque et avec les brunches. Donc, on y va ! Même si on regrette vraiment Oh My Bear qui était un beau concept de bar à manger avec des petites assiettes gourmandes. »
Francis : « Nous revenons à l'essentiel dans ce lieu sur le Mail notamment que nous aimons vraiment beaucoup avec son petit jardin. »

Et toujours avec cette cuisine créative et ouverte sur le monde qui est la signature de Oh My Biche !

Julie : « Nous sommes un *coffee shop* avec des cafés de qualité proposés par Felix. Donc, nous ouvrons dès 8 h avec une carte de petits déjeuners gourmands, un plat du jour le midi, et une carte pour le reste de la journée également. Ici, on vient pour prendre un café et manger. »
Francis : « C'est vrai que nous avons une idée bien précise de ce que nous voulons dans l'assiette et nous voulons garder la main, Julie et moi, sur l'esprit *food* Oh My Biche, moderne et largement inspiré de lieux anglo-saxons. »

Marcos Muente
Un Américain à Rennes...

« Je suis originaire de Floride et cela fait 5 ans que je suis à Rennes où j'enseigne l'anglais. Je viens ici tous les jours, plutôt le midi, des fois l'après-midi. Je mange ou je viens prendre un café. Lorsque j'étais en Espagne, j'ai pris l'habitude de prendre mon café à l'extérieur et de lire à l'extérieur. Ici, j'aime leur café et ce sont aussi des gens formidables. On voit que ce sont les propriétaires qui sont présents : ils sont là dès le matin, s'occupent bien de leur restaurant. Dans l'assiette, je goûte toujours des plats différents : ils aiment bien me surprendre en fait (rires) ! Avant ils avaient leur *finger* en dessert, comme le Snickers® que j'adorais quand j'étais petit. Avec l'ambiance qu'ils ont créée comme ça, c'est parfait pour moi. Je suis très fidèle. J'aime ces restaurants familiaux. Et en plus, j'ai ma tasse de latte dédiée qu'ils m'ont offert pour mon anniversaire ! »

Gang

C'est le dernier-né des *coffee shops* rennais, mais pas le moins charmant avec sa terrasse craquante déployée sur cette délicieuse place de la Parcheminerie et son intérieur non moins délicieux et lumineux mêlant le brut et le plus *cosy*. Nous sommes comme aimantés par ce lieu séduisant où l'on se sent tout de suite bien. À mi-chemin entre le *coffee shop* new-yorkais et le petit café du quartier de la « Parch », au cœur de Rennes. Aux côtés de restaurateurs venus prendre leur premier café avant de s'engouffrer dans leurs cuisines ou d'indépendants déployant leur MacBook, on déguste dès 8 h de vrais bons cafés venus d'un torréfacteur marseillais et, le midi, « même si nous n'avons pas la même exigence que nos excellents voisins bistrotiers, nous nous devons de proposer des plats du jour de qualité avec des produits frais et de saison. » C'est Romain Herbreteau, le disert et sympathique patron de Gang qui le dit. Et nous, on a comme une grosse envie de nous glisser dans la peau d'un habitué du quartier et de faire de Gang notre cantine !

Tu viens d'où Romain ?

Romain Herbreteau : « J'ai pas mal tourné en cuisine dans des établissements rennais comme l'Ambassade, Paris-New-York, Le Comptoir des Halles… J'ai aussi donné des cours de cuisine chez Cook & Go. Mais à l'origine, je suis Vendéen, de Saint-Gilles-Croix-de-Vie… Et puis, il y a deux ans, j'ai ouvert Gang, dans l'ancienne librairie chrétienne, au cœur de ce quartier qui m'est cher, la Parcheminerie ! L'idée était d'ouvrir un *coffee shop* moins " féminin ", moins salon de thé, un peu plus gourmand… »

On mange quoi chez Gang ?

Romain : « En cuisine ? Nous proposons des petits déjeuners bien gourmands comme l'œuf Bénédicte, les porridges, les pains *toasts*… Et le midi, cela change très régulièrement mais nous avons fait récemment un bun poulet panko, des boulettes de bœuf aux fèves, des clubs-sandwichs poulet et lard grillé… des salades fregola, des aubergines au miso… Sans oublier notre brunch du week-end avec chakchouka, keftas de cabillaud… »

Et le café dans tout ça ?

Romain : « Comme tout *coffee shop* Gang a une carte de cafés de spécialités. Ils viennent du torréfacteur Deep Coffee à Marseille. « Nous ne tournons qu'avec un seul torréfacteur. On a toujours deux cafés : un pour l'espresso et un autre pour le filtre. Des cafés peu torréfiés et plutôt aromatiques. »

MANGEONS

Mangeons, buvons

La bourgeoise provinciale endormie d'hier s'est réveillée et s'est mise au comptoir. Rennes a compris qu'elle était faite pour le bistro, c'est sa nature profonde. Ce bistro réjouissant qui éveille à la vie et incite aux rencontres bruyantes. Celui des vins naturels, des assiettes simples capables de fulgurances, des produits francs et des tabliers bleus.

BUVONS

Focus

LA MIRLITANTOUILLE

Restaurant / bistro dit « la Mirli »

Entretien croisé

YANN-ÉRIC & SIMON

« Originaire de Fougères. Moi j'ai fait un CAP et un bac pro à Nantes avant de partir faire mon métier dans le bistro à Paris. »

Yann-Éric, 32 ans

« Né dans l'antre de Romain Joly, à l'Hôtel-Dieu ! Mon sang est dans le 22, dans les terres de Saint-Trimoël, mais conçu, né et élevé à Rennes. Je suis passé par le lycée St-Martin et Jeanne d'Arc. J'ai poursuivi des études à Lille, à Séville… Mon premier job c'était à 15 ans au P'tit Léon à Rennes avec Yann Paigier. Je voulais aller en école hôtelière mais en fait je n'y suis pas allé… mais ça m'a rattrapé à 20 ans ! »

Simon, 32 ans

Vous vous êtes rencontrés comment tous les deux ?

Yann-Éric : « J'étais chez Passerini depuis un an. Avant, j'avais fait beaucoup de brasseries et bistros. J'ai bossé avec Pierre Lecoutre au Café des Musées rue de Turenne. Il y avait une vraie énergie dans la cuisine de bistro. Tripes, pommes dauphines exceptionnelles, cervelle de veau… »
Simon : « Moi, j'arrivais de chez Thierry Breton où j'avais passé 3 ans. Tout de suite, on s'est captés avec Yann. Je lui ai piqué une clope sur le trottoir. On venait du même coin, on avait le même âge et nous étions tous les deux le 5e d'une famille de six enfants ! On avait appris le métier avec des mecs d'une même génération et ça nous a connecté aussi. »
Yan-Éric : « Chez Passerini, on a appris des choses intéressantes mais ce n'était pas notre univers, la bistronomie parisienne. On trouvait ça un peu sage. Nous on est du bistro, du management à l'ancienne où quand il faut y aller, on baisse la tête et on y va : on met du monde et on avance ! »

Votre arrivée à Rennes était programmée ?

Simon : « On avait tous les deux l'idée d'ouvrir notre restaurant dans un coin de la tête mais on n'était pas d'accord sur la destination. " Yané " voulait Paris et moi Rennes. »
Yann-Éric : « Et puis, deux de mes sœurs sont revenues à ce moment à Rennes, alors j'ai dit ok. Quoi qu'il en soit, je m'étais promis d'ouvrir mon restaurant avant 30 ans. »
Simon : « Alors, on a pris un abonnement TGV et on passait notre temps entre Paris et Rennes pour visiter des affaires. Après plusieurs touches, nous sommes tombés sur la rue Nantaise. On a eu un bon *feeling*, après, ça ne s'explique pas. On a eu de la chance peut-être aussi. Ce qui nous a plu, c'était les deux salles : petit bar à vin d'un côté, la salle cuisine de l'autre. Lorsqu'on a ouvert La Mirlitantouille, Coquille venait d'ouvrir, Pierre aussi, Taï avait ouvert Chawp-Shop depuis quelques temps déjà. On arrivait dans une rue déjà gourmande. »

Vous ouvrez en octobre 2019… Comment expliquez-vous le succès foudroyant de La Mirlitantouille ?

Yann-Éric : « Ce qui nous a beaucoup aidé au début, c'était le réseau Commault, du père de Simon qui est commerçant. Après, il y a eu le bouche-à-oreille. »
Simon : « Au début, on n'avait pas dans l'idée de faire autant de couverts si vite. Par contre, on voulait faire deux services d'emblée et cela a permis de bien remplir. Le soir, quand tu traînes à l'apéro et qu'arrive 21 h 30 tu te réveilles et, si tu ne connais pas untel ou untel, tu te retrouves coincé pour manger. Et le midi 13 h 30 on ne mangeait plus ! Alors qu'à Paris, tu as des solutions pour manger sur des heures décalées. Et en fait, ce système des deux services correspond au mode de vie de beaucoup de Rennais et il a été bien perçu par les clients qui l'ont compris. Sans compter que le deuxième service participe à l'ambiance ! »
Yann-Éric : « Et on le fait bien, je pense aussi, on trouve toujours une solution pour ne pas mettre tout de suite les gens dehors… »

Simon : « Après, on a rectifié le tir sur l'ambiance. Dans l'inconscient des gens, nous étions dès le départ estampillé « Resto festif ». Et là, il peut vite y avoir mélange des genres… Et ce fut parfois le cas. Les gens arrivaient et voulaient danser. On l'a voulu nous aussi, mais on a corrigé le tir pour préserver le staff… et nous préserver également. On ne prenait plus de plaisir. Quand des gens arrivent chargés à 22 h, la fin du service peut être très longue ! Restaurant vivant, d'accord, mais il faut recentrer sur la gamelle. On a vraiment aujourd'hui une belle clientèle. »

Comment fonctionnez-vous tous les deux ? Chacun son rôle en cuisine et en salle ?

Yann-Éric : « Oui, globalement, Simon gère la salle et moi, la cuisine. »
Simon : « Yann-Éric a une vision de la salle et moi, j'ai aussi une vision de la cuisine et on s'alerte mutuellement s'il y a des choses qui ne vont pas d'un côté ou de l'autre. Notamment, sur l'énergie du matin où les gars en cuisine sont depuis un bout de temps au boulot lorsque la salle arrive. Alban, le responsable de salle, a appris le métier avec les anciens. Il est très carré. Quand on dit « pas le temps de niaiser », Alban c'est vraiment ça. Il sait *driver* l'énergie du matin en salle. Quand on est 20 à travailler, tu ne peux pas te permettre qu'il y ait des gens plus cool que d'autres. »
Yann-Éric : « On arrive à se comprendre sans se regarder. On avance comme ça, sans faire de *briefing*. S'il y a quelque chose qui gêne l'un ou l'autre, on en parle le plus simplement du monde.
Simon : « On a un côté animal, c'est à l'instinct. On y va, on avance ! »

Et puis, en 2023, il y a eu l'ouverture de l'espace de production (pain, boucherie, mise en place…) La Berouët dans la même rue. Quel impact a eu ce labo sur votre travail ?

Yann-Éric : « Il nous a facilité la vie en cuisine et a fait évoluer l'assiette de la "Mirli", notamment sur les viandes. On peut commander aujourd'hui des carcasses entières auprès des producteurs : c'est un luxe que très peu de restaurants peuvent se permettre aujourd'hui. Ce n'est pas anecdotique. Idem pour le pain : être autosuffisant en pain c'est génial ! »
Simon : « On court moins après le temps en cuisine. Avant, les fours tournaient toute la journée et toute la nuit car c'était le seul moment où on pouvait les utiliser pour faire les jus. Le labo nous a soulagé. Aujourd'hui, quand tu arrives le matin, tu peux te projeter sur la mise en place de la journée car ton jus que tu as filtré la veille, est prêt. »
Yann-Éric : « On a toujours de l'avance, on a toujours des ragoûts de prêts sous-vide pour la semaine d'après. Avant, le mardi, on devait relancer toute la semaine. Maintenant, c'est terminé. »
Simon : « Et puis, le labo nous a ouvert d'autres perspectives, nous a donné de l'air. On est deux et si on veut durer, il faut élargir l'espace. Ça nous aide déjà et ça nous aidera encore plus demain. »
Yann-Éric : « J'ai aussi besoin de toucher à plein de chose dans mon métier. Je ne peux pas m'imaginer coincé entre les quatre murs de la cuisine. Je peux faire du pain, de la boucherie, etc. J'ai besoin que mon quotidien soit stimulé en permanence. »
Simon : « Et on n'en parle pas mais c'était aussi primordial pour nous d'être dans la même rue. Il y a un côté "quartier familial" qui est primordial. On n'imaginait pas ce labo dans une zone en dehors de la ville ! »
Yann-Éric : « Et si, pendant un service, j'ai besoin d'un morceau de viande particulier, je descends à la Bérouët et c'est fait. »

Comment organisez-vous la carte de La Mirlitantouille ?

Yann-Éric : « Il y a une ossature, mais tous les jours, il y a au moins un plat qui change. Avec des incontournables : saucisse, ris de veau, entrecôte / côte de bœuf… »
Simon : « Il y a quatre entrées qui ne bougent pratiquement pas : les huîtres, le pâté, les palourdes, les mimos (œufs mimosas). Ce sont des marqueurs, rassurants, efficaces. On fait du débit et donc pour la fraîcheur du produit, on peut se permettre d'avoir beaucoup de possibilités à l'ardoise. Là, c'est la saison des Saint-Jacques, on en a quand même passés des kilos ! Le produit est génial. »

Qu'est-ce que vous aimez manger ?

Yann-Éric : « C'est par période. En ce moment, je mange des sushis ! Du bistro, de la pizza mais j'en mange moins depuis que je suis à Rennes. Ici, niveau pizza, je m'embête un peu… Sinon, j'adore la galette. »
Simon : « Moi, ce que j'aime, au lieu d'un plat en particulier, c'est la

gamelle. Les repas de famille chez nous, c'était vivant. Tous les soirs, tu es 8/10 à table avec les plats à partager : je trouve ça génial. Un gros plat qui arrive, c'est généreux dans l'assiette. Dans la famille, on faisait toujours plus qu'il ne fallait car on avait toujours de l'imprévu. Parfois, des clients sont gênés de se dire, on est un de plus... Mais non, ce n'est pas gênant, on va se serrer ! »

Quels sont vos adresses préférées à Rennes ?

Yann-Éric : « Chez Paul n'importe quel plat est bon : le Bocal c'est pareil. Pénates, je m'éclate mais ce n'est pas le même ticket. »
Simon : « Mon restaurant préféré c'est Pénates. Je m'éclate et pour le coup dans le végétal t'es servi : le vin, pareil. Et La Petite Ourse, pour le midi, c'est exceptionnel ! »

Quel regard portez-vous sur la dynamique culinaire rennaise ?

Simon : « Je trouve ça sain. Ça se renifle pas, ou alors, je ne m'en rends pas compte. On s'envoie du monde, les gens sont bienveillants... Noémie vient d'ouvrir à Caravane Palace : je n'ai qu'une envie, c'est de lui envoyer du monde. On se voit peu, mais on est content de se voir. Je suis le premier à dire à mes amis d'aller voir ailleurs, de découvrir d'autres restaurants. »
Yann-Éric : « Oui, je suis d'accord avec Simon : c'est bien quelle que soit la génération d'ailleurs. »

Comment voyez-vous l'avenir de La Mirlitantouille ?

Yann-Éric : « C'est compliqué physiquement. On a pris 10 ans en 4 ans. Notre corps ne supportera plus ce rythme longtemps. Donc peut-être que notre rôle évoluera. Aujourd'hui, on est dans l'énergie, mais demain peut-être davantage dans l'accompagnement. »
Simon : « Aujourd'hui, j'ai du mal à quitter le bébé. Ce qui m'angoisse, c'est de me dire que toute l'énergie que l'on met dans ce projet est éphémère. J'ai peur qu'à un moment il y ait un "Mirli-bashing". J'ai peur que les gens se lassent. C'est pour ça que je veux être présent dans le restaurant pour que les gens soient contents de venir. Mais il faudra faire évoluer nos métiers, c'est une évidence. »

Votre métier est plus qu'énergivore et chronophage. Vous trouvez des échappatoires ?

Simon : « On essaye de scinder notre vie et de nous échapper de la ville les dimanches ou lundi. Et puis, je fais beaucoup de sport... Quatre à cinq fois par semaine. À Rennes, tu prends ton vélo et tu es tout de suite en campagne. »
Yann-Éric : « J'ai besoin de campagne, de faire du bricolage, du jardinage... J'aime faire des choses manuelles. Ça me vide la tête... »

Reportage

LA MIRLI • SERVICE !

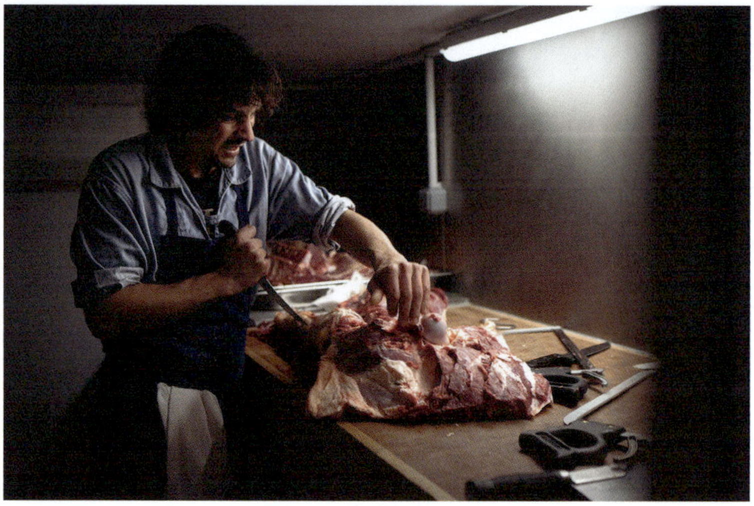

Desserts

AVIS DE RENNAIS

Marianne

Comment débuter cette rubrique sur les bistros rennais sans donner la parole à une femme de caractère qui a consacré sa vie professionnelle à la cuisine et aux vins naturels ? Marianne, c'est la mère du bistro rennais, une cuisinière qui rayonnait derrière son comptoir couru des bons vivants. Son nom reste à jamais associé à celui du Tire-Bouchon, bistro qu'elle a ouvert en 1993 avec Christophe Boisselier, et qu'elle quitte en 2019, après avoir composé un duo inoubliable avec Darry.

L'histoire du bistro et du vin naturel à Rennes débute donc en 1993 ?

Marianne : « Oui, on ouvre alors le Tire-Bouchon et on était les seuls à faire du vin nature. Christophe, mon ex-mari, avait découvert les vins naturels chez Alain Chapel, qui était un précurseur à l'époque. On partait souvent dans le vignoble, c'était génial et c'est la meilleure école pour bien appréhender les vins… Quand on y pense, on avait un sacré paquet de vins bizarres… mais les gens aimaient. »

C'est quoi pour toi un bon bistro ?

Marianne : « Une cuisine simple, mais ce qui est important pour moi, c'est le vin naturel. S'il n'y en a pas, je sais que je vais passer une mauvaise soirée. Je choisis mes bistros comme ça, et il faut qu'il y ait un comptoir aussi. Il n'y a pas si longtemps à Rennes, il n'y avait que deux adresses : nous et l'Arsouille ! »

Ce n'est plus trop le cas aujourd'hui…

Marianne : « Mais aujourd'hui c'est génial ! Tu as vu le nombre d'adresses où l'on peut bien manger et bien boire ? J'adore venir à Bombance, par exemple, parce que je viens à l'improviste manger des petits trucs… J'adore leurs assiettes à grignoter. Il y a des ravioles, du chou farci, des carpaccios… et je rencontre souvent des anciens clients. Je vais chez Peska aussi : je peux aller à Origines… J'aime vraiment ce que font les jeunes aujourd'hui. Et puis, quand tu as envie d'aller au restaurant, tu ne te dis pas " je n'ai pas le choix ! ".

Qu'est-ce qu'il manque à la scène culinaire rennaise ?

Marianne : « Des fous ! Ces services qui partent en vrille de temps en temps. Au Tire-Bouchon, au début, on faisait boîte de nuit à la fin du service jusqu'à 5 h. Chez Chris, on continuait à la cave à 5 h car les voisins râlaient. C'est d'ailleurs un de ces soirs que je me suis réconciliée avec Anthony Cointre car il passait son temps à critiquer les gens. Assis côte-à-côte sur une caisse de bière, il me dit " bon finalement t'es pas si conne que ça… ". Et je lui ai répondu " ben toi non plus, t'es pas si con que ça ! ". Et on a passé une bonne soirée.

Des vins natures, une cuisine simple et tu es heureuse dans un bistro ?

Marianne : « J'aime aussi les endroits où tu es bien accueilli, comme à La Mirlitantouille. Et là, il faut bien dire que Simon est quand même quelqu'un d'extraordinaire. L'accueil est primordial. La plus belle critique que l'on m'ait faite : " Quand on n'a pas envie de manger chez nous et que l'on n'a pas envie d'aller au restaurant et bien on vient chez vous, car on est comme chez des amis ".

AVIS DE RENNAIS

Cyril

Revenu à Rennes en 2012 après dix années de cuisine à Londres et Édimbourg, Cyril Jambu devient alors le chef de L'Entonnoir (rue Saint-Guillaume, fermé depuis) pendant plus d'une année avant d'ouvrir le *foodtruck* Cook-Cook, qui régale les trottoirs rennais deux années durant. Il rejoint ensuite l'équipe *catering* « Les cuisiniers ambulants » d'Anthony Cointre et reprend l'affaire quatre ans après. À 39 ans, Cyril Jambu est déjà un observateur avisé de la scène culinaire rennaise.

Quel regard portes-tu sur la scène culinaire rennaise ?

Cyril : « C'est une évolution de ouf ! Quand j'ai débarqué d'Angleterre à Rennes, je me pose dans un bistro vin nature. Pour moi, c'était tout nouveau, mais ça a été un choc. Un petit milieu avec le Tire-Bouchon, Le Café du Port et bien entendu L'Arsouille qui, pour moi, restera la référence ultime, comme le Baratin à Paname. J'ai adoré ce milieu et il m'a marqué. Alors, désolé, mais moi quand je parle cuisine, je pense bistro forcément ! Cela évolue dans le bon sens : les restaurateurs s'intéressent au travail des producteurs, ils travaillent de plus en plus avec des producteurs en direct. Sur ce point d'ailleurs, je trouve que beaucoup de restaurants veulent tout faire eux-mêmes. Je trouve que, parfois, on perd de la qualité et cela peut aussi fragiliser certains producteurs ou commerçants. Je ne trouve pas toujours intéressant de faire son propre pain, par exemple... Ce qui me plaît aussi, ici, c'est la mixité. C'était un des trucs que j'ai préféré à Londres. C'est bien qu'il y ait à Rennes ce mélange de générations, de gens qui viennent d'endroits différents. Dans la cuisine, tu as à apprendre de tout le monde. »

Des tables où tu aimes te poser en particulier ?

Cyril : « Ah moi, j'aime beaucoup venir manger chez P'tit Louis ou Chez Paul. Il y a Origines aussi et Pénates. »

Et il te manque ?

Cyril : « De la *street food* ! Qui fait une vraie broche à Rennes ? Qui fait un vrai *fried chicken* ? Ce qui manque, c'est ce que l'on peut manger à Paname ou à Londres, des nourritures d'autres continent mais qualitatives. Il n'y a pas une bonne cuisine africaine, éthiopienne avec de l'injera et la galette de tef fermentée et cuite. »

Le Bocal

Le Bocal, c'est un peu le restaurant de quartier, en plein centre-ville de Rennes. On ne peut guère faire plus central d'ailleurs, à moins de cinquante mètres de la Vilaine bientôt découverte. Chez les habitués et dans le milieu des pros, on dit d'ailleurs « Le Bocal de Steph » tant l'endroit est intimement lié à son patron, Stéphane Gouin, en cuisine ici depuis 2005. Et ne cherchez pas, vous ne trouverez pas une personne qui médise sur ce Rennais pur jus de 54 ans ! Plutôt discret derrière son comptoir de cuisine ouverte sur le petit bistro, Stéphane est un vrai patron, sympa, curieux, qui s'intéresse aux gens. Un cuisinier qui n'en fait pas des tonnes, reconnait parfois ses limites en pâtisserie tout en envoyant des assiettes bien roulées comme cette tentacule de poulpe sur son houmous. Et son « bouclar », comme il le dit affectueusement, est à son image : tables et chaises bistrotières, ardoises, banquettes, trois places au comptoir (sur lequel vous croiserez

souvent des cuisiniers, notamment le lundi). L'image d'Épinal, mais pas banal pour autant ce Bocal, baigné de lumière à l'avant et se faisant plus discret à l'arrière.
Bon, et sinon, on mange quoi ?
Eh bien, quelques plats incontournables comme le thon cru citron coriandre en entrée, associé (ou pas) en plat à ce thon minute aux herbes fraîches. Et puis, des classiques du bistro comme ce tartare d'Angus œufs de truites, un petit saumon gravlax, une épaule d'agneau confite, une seiche chorizo… parfois du cochon bien élevé sur paille de chez Régis Després à Retiers. C'est une carte sans esbroufe qui fait plaisir aux gourmands, le tout pour des tarifs plus que contenus. Et du côté des vins, on penche plutôt sur le nature et la biodynamie, mais avec quelques conventionnels bien faits, sortis tout droit de la cave de Stéphane Foucher.

On a vraiment l'impression que Le Bocal tourne toujours parfaitement… Un vrai bistro d'horloger suisse ! Et toi, derrière les fourneaux depuis 25 ans. Tu fais comment pour avoir toujours l'envie ?

Stéphane Gouin : « C'est vrai que le fait d'être tout seul, tu ne te mets jamais en danger, tu peux vite ronronner. C'est normal, cette lassitude. Tu prends tous les jours ton café chez Gang à 7 h 45, tu ouvres ta porte à 8 h… Tu finis par habiter dans ton resto. Je n'y ai pas échappé… mais pas en ce moment (sourires). Car, heureusement, tu as dans la vie des gens ou des circonstances qui te remobilisent. Il y a eu les rencontres avec Paul, les liens que nous avons tissés, nos échanges quotidiens : cela m'a relancé. Il y a eu un projet avorté avec Émeline (ancienne patronne de Rewined partie ouvrir un bistro à Pont-Croix dans le Finistère) qui m'a secoué pour avancer… Et puis, il y a les jeunes qui arrivent…

Les gamins comme Simon et Yann-Éric de La Mirlitantouille qui nous ont mis un sacré coup de pied au cul. Ils viennent manger là, ils nous titillent, ils nous appellent les vieux… Tu vas voir les vieux !
La nouvelle déco du resto a aussi joué un rôle. J'ai eu l'impression d'un nouveau départ et, du coup, je me suis lancé des nouveaux défis. Moi, c'est la pâtisserie aujourd'hui, je demande des conseils aux confrères et à ma fille, pâtissière au Café Albertine. Je me sens bien sur le Paris-Brest en ce moment… »

« Il a une âme de bistrotier, ce gamin ! »

Depuis quatre ans, la salle du Bocal est confiée à Dimitri Mabilay. « Il ne connaissait pas grand-chose en vins avant de venir ici. Lorsqu'il a frappé à ma porte, je lui ai dit qu'ici j'essayais de bosser correctement avec des vins propres… Du coup, Dimitri a fait des recherches, il va sur les salons… Il a été bosser quinze jours chez Émeline à Rewined avant qu'elle ne ferme pour se familiariser avec les vins natures… » Depuis, ce jeune homme de 28 ans mène bien sa barque. « Il a une âme de bistrotier, ce gamin ! », se félicite Stéphane. « Il est très fort pour mettre à l'aise les gens : on échange beaucoup sur les plats qu'il connaît maintenant parfaitement… »

Deux desserts incontournables ?

« J'ai deux desserts que je n'enlève jamais de la carte : le sablé aux deux chocolats et la brioche perdue, caramel au beurre. L'idée du sablé aux deux chocolats – blanc et au lait –, vient de Panajachel sur le lac Atitlan au Guatemala. Nous sommes dans un *coffee shop* assez *roots*, et nous goûtons une base de biscuit *cheese cake* avec chocolat au lait et chocolat blanc. Ils avaient mis des noisettes et des noix de Pécan… J'ai trouvé que cela était d'une incroyable gourmandise, alors je m'en suis inspiré.
Quant à la brioche, elle est imbibée, façon far à l'intérieur. Elles viennent de la boulangerie Elluard, je les coupe en tranches et je fais un appareil à crème prise avec du lait, de la crème, de l'œuf et du sucre. Et je les imbibe avant de les enfourner 20 à 30 min. Cela donne en bouche une texture toute particulière, entre la brioche, le clafoutis, le far… et parfois, si Elluard me propose des brioches feuilletées, cela fait kouign-amann sur les bords…
Ah, une dernière chose parce que l'on me parle souvent de mon riz au lait. Après l'avoir refroidi, je le coupe avec une crème fouettée et cela donne quelque chose de très aérien. »

Entretien croisé

LE BOCAL & CHEZ PAUL

Stéphane Gouin & Paul Lucas,

les piliers de La Parch'

Ouverts respectivement en 2005 et 2011, le Bocal et Chez Paul sont les bistros phares de ce quartier de La Parcheminerie, rive sud. Aux fourneaux, deux quinquas bien fringants mais plutôt discrets, Stéphane Gouin et Paul Béranger, qui se sont bien trouvés et échangent quotidiennement sur leur métier, leur vie tout simplement. D'aucuns les surnomment Tic & Tac...

Vous vous êtes rencontrés comment tous les deux ?

Stéphane : « J'avais ouvert six ans plus tôt que Paul que je ne connaissais pas, juste de nom parce qu'il venait du Tire-Bouchon de Marianne et Darry. Donc, plutôt une bonne impression… Et quand je n'avais plus de place, j'envoyais les clients Chez Paul. Un jour, on s'est croisés au Port (Le Café du Port) à boire des bières chez Nico et là tu es venu vers moi : “ C'est toi le Bocal ? Merci pour les clients que tu m'envoies. ” Et du coup, c'est parti comme ça. Pas plus compliqué. Direct, simple. »

La simplicité, la sincérité, c'est un peu la base des rapports que vous entretenez, non ?

Paul : « Oui, il y a quelque chose de générationnel et des similitudes dans ce que l'on a fait avant tous les deux, dans notre parcours. On est tous les deux issus du bistro parisien, les trucs à l'ancienne, les coups de pied au cul, la formation à la dure. Des trucs dont on parle tous les deux… Le conflit de génération, c'est quelque chose que l'on doit travailler régulièrement, on échange beaucoup là-dessus. Mon apprentie de 20 ans par exemple, elle arrive et elle te tutoie ! Moi, c'est un truc que je n'ai jamais fait ! Mon chef, Thierry Breton, en cuisine je le vouvoyais et dans le privé, je le tutoyais. Il y avait cette hiérarchie qu'il n'y a plus maintenant. On s'interroge là-dessus, est-ce que c'est mieux ou pas… »

Stéphane : « On parle un peu de cuisine aussi mais pas tant. Plus de la conjoncture, des habitudes des clients. On a des clients en commun et chacun sa clientèle aussi… On se voit presque tous les jours ! Au café, à 14 h 30 chez Gang. Et puis le soir, vers 23 h, pour la petite bière de récup', après le boulot. D'où le Tic & Tac ! »

C'est un vrai quartier du centre La Parch. Il y a d'autres acteurs qui partagent avec vous dans ce coin ?

Paul : « Oui, il y a aussi Pierre de l'Ambassade et Caneton. Il est particulièrement moteur pour tout ce qui est achat de vin en commun d'ailleurs. Et puis, un peu plus loin, il y a Nico du Café du Port et avant il y avait Émeline de l'ancien Rewined (aujourd'hui Bombance). »

Steph : « Tout ça est né pendant le Covid. On se faisait nos fameux déjeuners d'affaires avec Simon de la Mirlitantouille en plus. Cela permet d'échanger sur le métier, les fournisseurs… On faisait du vélo ensemble aussi. »

Justement, vous parlez de Simon Commault. Comment voyez-vous cette nouvelle génération de cuisiniers et restaurateurs à Rennes ?

Stéphane : « Je trouve ça enthousiasmant les jeunes qui arrivent. Pénates, La “ Mirli ”… ils font tout de A à Z, ils ne se ménagent pas : je les admire, vraiment. Cultiver le blé pour faire la farine, construire un fournil pour faire du pain comme à Pénates… c'est très courageux. Leur lieu, Pénates, est vraiment bien : la gamelle est super bien faite : c'est inventif. Et puis il y a une chose que j'apprécie aussi, c'est qu'ils viennent te voir : ils ne te prennent pas pour un vieil *has been* dépassé. Récemment j'avais Pierre Lucas et Caroline Lenormand de Pénates, Romain Joly d'Origines et Jean-Baptiste Philau de Récolte, à Bruz. Même avec tant d'années, ça te met un petit coup de pression et tu te dis, “ oh ben c'est pas mal, ils viennent chez moi ”. J'étais content. »

Paul : « Depuis six ans, il y a eu énormément de bistros à se monter à Rennes. J'aimerais que les nouveaux tiennent autant que nous tenons. C'est vrai que l'on met un peu partout l'accent sur les changements de cartes réguliers, les plats créatifs, le *sourcing*, le partage de producteurs… Mais ce n'est pas parce que je ne réinvente pas la carte tous les jours ou que je ne prends pas ma voiture pour courir les producteurs que je n'y mets pas mon cœur quotidiennement pour autant ! Ma fierté, c'est de dire que je suis là depuis 12 ans, avec des hauts et des bas, mais globalement, quand un client qui n'est pas venu depuis longtemps vient et me dit : " franchement c'est toujours bien, " ça fait du bien à entendre. C'est cette approche, différente, que j'ai de la cuisine. La régularité… Chacun fait ce qu'il veut mais moi, la créativité à outrance, le *sourcing* partagé… ce n'est pas ce que je peux faire aujourd'hui. Je ne dis pas que ce n'est pas bien au contraire, mais ce n'est pas mon truc… Mais je ne suis pas un ringard non plus parce que je ne coche pas toutes les cases. Et merde alors ! (Rires) »

Chez Paul

Dehors, attablés à la terrasse bordant la rue de La Parcheminerie, une grand-mère et un jeune adolescent que j'imagine être son petit-fils échangent autour d'une assiette bistrotière le temps d'un déjeuner. Ils sourient, se régalent et semblent heureux. Moi avec. Assis Chez Paul en bout de comptoir à l'intérieur du bistro rennais, je me retourne vers mon assiette en repensant à cette scène vécue, il y a plusieurs années déjà, dans le bistro du Mail du regretté Marc Angèle. Dégustant une merveilleuse terrine garnie notamment de petits-pois, je me souviens avoir été attendri par une scène se déroulant sur la table voisine où un grand-père invitait son petit-fils et lui faisait découvrir les délices de l'ancien chef étoilé. Je ne pouvais m'empêcher de tendre l'oreille et de me régaler des conseils gastronomiques avisés de l'aïeul. La cuisine est encore plus belle lorsqu'elle est transmise en famille.

Si vous avez des enfants, parents ou amis à initier à la cuisine bistrotière, réservez chez Paul Béranger. Entre la terrine, là-encore excellente, les abats, le mille-feuille vanille ou l'onglet… vous avez ici l'une des cartes les plus traditionnelles de Rennes. Chez Paul, c'est comme un bon ami : même si on ne l'a pas vu depuis longtemps, il n'y a pas de *round* d'observation. On se sent tout de suite en confiance, heureux d'être assis là. C'est une alchimie qui doit à la fois au lieu : bistrotier jusqu'à la moelle avec ses ardoises, son comptoir, ses banquettes, ses habitués, son service enlevé… ; aux assiettes gourmandes où le coup de fourchette l'emporte sur la dégustation pincée – aux vins plutôt naturels, mais toujours droits et parfois aussi conventionnels pour contenter tout le monde – à l'équipe, heureuse de travailler ensemble.

Et il ne faut pas se fier au regard bleu acier et au visage parfois fermé de Paul. C'est un taiseux Paul, un gentil bougon qui a la générosité en bandoulière. Un Breton pur jus qui ne se livre peut-être pas avec aisance, mais qui aime ses clients, manger et se mettre la rate au court-bouillon pour nous envoyer des assiettes franches et généreuses.

L'ardoise regorge de plats indétrônables !

Romain Boissel : « Ah oui, il y en a quelques uns… À commencer par le mille-feuille à la vanille de Madagascar. Mais depuis six mois, il se fait titiller par notre Paris-Brest qui marche très bien. Et puis, il y a les abats qui sont fréquents ici comme les rognons, évidemment, les ris de veau ou la tête de veau aussi, snackée et gribiche : c'est un classique. Si on l'enlève de la carte, les gens nous la demande ! »

Paul : « Du traditionnel français : tout ce que j'aime ! »

Paul & Romain

On te voit de plus en plus en salle Paul, tu as pris de la distance avec la cuisine ?

Paul Béranger : « Quand Romain est arrivé, c'était quelqu'un de pointu qui venait du gastro. Moi, je l'ai un peu formaté pour le bistro. Je n'aime pas le gastro, les petites portions : cette cuisine ce n'est pas mon truc. Ce que j'aime, c'est le coup de fourchette, il y a de la sauce, du jus : on y va ! Romain, je l'ai amené là-dessus tranquillement… et il est là depuis 6 ans ! Alors, maintenant c'est davantage lui qui gère la cuisine et moi un peu plus en salle, à discuter avec les gens, à gérer le personnel… Mais, je n'ai pas dit mon dernier mot en cuisine ! En fait, avant on était ouverts les samedis et on se prenait de gros coups de bourre… Ça me manque un peu. J'ai envie de montrer aux jeunes que le vieux est encore capable. »

Reportage

CHEZ PAUL • SERVICE !

Chez P'tit Louis

Elsa Termet est sans doute la meilleure femme qui soit arrivée au bistro rennais. « La Queen de la restauration rennaise » comme dit d'elle Charlotte Brochard de La Petite Ourse (et elle n'est pas la seule à le penser). Depuis 2015, et son arrivée Chez Paul, Elsa nous épate à chaque fois de son professionnalisme, nous ravit de ses conseils, nous enchante de sa bonne humeur. Attentionnée, elle prouve quotidiennement dans son bistro Chez P'tit Louis, à deux pas de la bouillonnante place Sainte-Anne et en face de la mythique salle de la Cité, que le travail de salle est l'égal de celui de la cuisine. Alors, évidemment, on a envie d'en savoir un peu plus sur cette maman de 36 ans…

On a l'impression que tu as toujours été Rennaise. En tout cas, tu sembles t'épanouir dans cette ville ?

Elsa Termet : « J'y ai fait toutes mes études, donc je la connais parfaitement, mais mon berceau et celui de ma famille c'est Erquy et Sables-d'Or-les-Pins dans les Côtes-d'Armor. Mon cousin tenait Le Petit Navire (aujourd'hui Le Bevan) sur le port de Dahouët et mon oncle, Le restaurant de la Gare, à Ploubalay. Je passais mon temps avec mes cousines à l'étage du restaurant… J'ai vraiment été baignée de cette ambiance… »

La restauration semble un peu naturel chez toi : c'est une seconde nature ?

Elsa : « En fait, au départ, je ne viens pas de la restauration. J'ai fait un BTS Négociation Clientèle Commerce… Mais, effectivement, la restauration m'a rattrapée. J'ai débuté à La Casa Pépé et puis la crêperie Saint-Georges, aux halles à l'époque, avant de partir à Londres et de revenir, en 2015, Chez Paul. »

Arrêtons-nous un peu sur ton passage Chez Paul : il a été fondateur ?

Elsa : « J'y suis restée six ans quand même… et si je n'avais pas eu l'opportunité de monter mon propre bistro, j'y serais encore sûrement. J'ai adoré l'ambiance. Romain, le cuisinier, est incroyable, beaucoup de clients sont devenus des amis. Paul m'a énormément appris et notamment les vins. Là-bas, j'ai passé le cap de la simple porteuse d'assiette. »

Et donc, Chez P'tit Louis...

Elsa : « La rencontre avec les gars (Simon et Yann-Éric de La Mirlitantouille) a été incroyable. Une année d'explosion, comme si je faisais partie de l'équipe... Au départ, ils se sont associés et aujourd'hui, je suis seule à bord. Chez P'tit Louis me convient parfaitement : un petit bistro, la cuisine ouverte, une petite terrasse, les pierres apparentes que l'on a laissées lorsque ma sœur, architecte, a repensé le lieu... Il y a tous les codes. Le comptoir est essentiel pour moi : c'est ici que l'on ressent le plus l'esprit du bistro. »

Tu sembles également très impliquée en cuisine ?

Elsa : « Je suis une épicurienne comme toute l'équipe. Je mange plein de choses, j'adore aller au restaurant alors effectivement je suis pointilleuse, exigeante. Je fais confiance à l'équipe de cuisine et on échange sur la carte. Il faut se parler, se dire les choses. »

Quelles adresses conseilles-tu à Rennes ?

Elsa : « Ah ! (rires) C'est dur car il y a plein de gens bien. Pour les poissons et coquillages, Peska évidemment. J'aime bien les bars où l'on peut déguster de chouettes assiettes comme le Saint-Germain, La Cavale... Et les bistros, je les aime tous. Notamment dans le quartier de La Parcheminerie... c'est le cœur, j'ai grandi avec eux ! »

Flavien Verna

Issu du gastronomique parisien, l'Auvergnat Flavien Verna envoie Chez P'tit Louis une cuisine bistrotière pointue avec quelques plats végétariens bien ficelés.

Flavien, tu découvres à la fois Rennes et la cuisine de bistro ?

« Oui, mon parcours culinaire est plutôt gastronomique. J'ai commencé à travailler à Paris dès 18 ans, et tout de suite dans des maisons haut de gamme. Bristol pendant 2 ans, Royal Monceau, Train Bleu, L'Agapé... Je suis arrivé à Rennes par hasard : des amis à moi me disaient que ça bougeait bien... Et puis, je suis entré en contact avec les gars de La Mirlitantouille qui m'ont mis en lien avec Elsa ici. J'ai découvert plein de bons producteurs, une clientèle formidable... Je m'éclate ! »

Et donc, dans les assiettes, ça donne quoi ?

« Il faut venir les goûter ! (Rires). On mixe les petites assiettes et les grands plats à partager. Dans une petite assiette, c'est plus compliqué. Il faut à la fois que les goûts soient percutants, qu'il y ait de la gourmandise, qu'on ait envie d'y revenir, que ce soit joli visuellement, pas trop gras... Et dans les grandes, il faut de la convivialité comme les soles meunières, les pièces de viandes... Récemment, j'ai touché un lieu jaune de ligne entier. J'ai levé les filets, cuisson plancha, roulés dans une feuille de blette et ensuite, je les ai cuits au four, avec un beurre blanc citronné autour et un poireau brûlé. »

Et une cuisine assez végétale également ?

« Oui, cet hiver, j'ai fait un chou farci végé avec une duxelle de champignons et du riz noir venere, embeurrée menthe. Ou encore cette trilogie de céleri dont un au four avec des algues combu, mousseline de céleri au siphon, émulsion céleri branche, lait algues et miso. Les gens viennent pour tout ici et on peut se faire plaisir le soir avec nos neuf propositions salées et trois sucrées.»

Reportage

CHEZ P'TIT LOUIS • SERVICE !

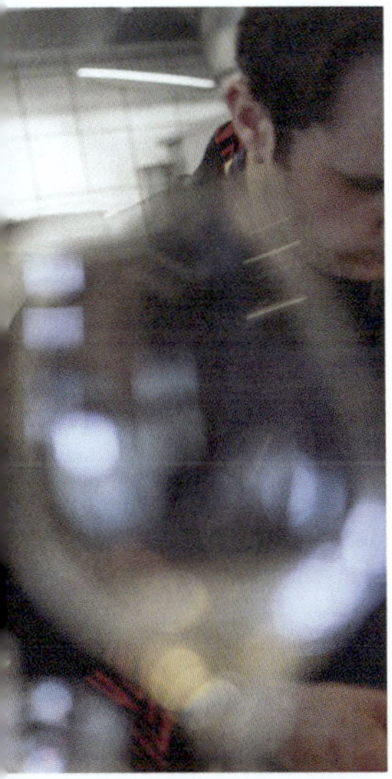

AVIS DE RENNAIS | Chris

Chris, Kris, Christophe Gaucher pour les documents administratifs. Ancien tenancier du mythique bistro L'Arsouille (aujourd'hui Pénates) ouvert de 2002 au 1er janvier 2020. Il revient sur sa vision, quelque peu nostalgique, du bistro à Rennes.

Qu'est-ce qu'un bon bistro pour toi ?

Chris : « C'est un lieu où, déjà, tu peux hurler en entrant. Tu as une grande liberté dans ce lieu où tu as envie de parler à tout le monde, où tu te sens bien : tu as envie de boire des coups… Un lieu où, dans l'idéal, toutes les classes sociales devraient être mélangées, car tu en as pour tous les prix. C'est important que les gens puissent boire des coups et manger des choses simples. Et, pour moi, un bistro, c'est du vin pas de la bière, ni du Martini ou du Ricard… »

Justement, quel est ton regard sur l'évolution du monde du bistro à Rennes ?

Chris : « Avant de te parler de l'évolution du bistro rennais, je vais te parler de l'évolution de la cuisine tout court. Pour moi, le changement capital c'est l'arrivée de Trip Advisor, cette société où tout le monde te note, critique ton travail, ton attitude… Ça ne me plait pas. Ça tue la spontanéité, les personnalités, et tout le monde se met à faire la même chose. Regarde dans les années 2015 - 2020, les bistros se sont mis à faire du burger. C'est débile, ce n'est pas ça le bistro. Je n'ai rien contre le burger, mais il se mange avec les doigts dans la rue ! Sans compter tous ces faux bistros qui n'en ont que le nom, qui se veulent feutrés… c'est antinomique. Un bistro c'est la vie. »

Tu sembles un peu désabusé…

Chris : « Oh tu sais, à 20 ans j'étais déjà vieux, alors à 50 ! J'ai ouvert L'Arsouille à 28 ans, mais j'étais déjà vieille France dans le bistro. J'ai beaucoup aimé fréquenter les bistros à Paris où je ne me suis jamais aussi bien senti dans les rapports humains. C'est aussi cher que d'aller chez un psy mais tu as plus de plaisir. Les gens venaient chez moi mais ils venaient aussi en thérapie, ils ne venaient pas que se saouler. Il y avait ce comptoir c'est un lieu de rencontre. Aujourd'hui, les gens passent leur temps à table sur leur portable ou à aller fumer clope sur clope. Mais t'es venu manger et boire ou fumer ? Si je créais un lieu, je pense que les gens laisseraient leur portable à l'entrée. Les rapports humains seraient beaucoup plus simples. Ce n'est pas à l'ancienne : c'est parler, échanger. »

Chez toi au moins effectivement on pouvait toujours trouver des gens pour échanger… mais c'était aussi un lieu clivant, non ?

Chris : « Mais, je trouve ça bien, moi, d'être clivant. Tu prends ou pas, la vie est plus simple comme ça, non ? C'est plus simple pour tout le monde. Tu ne te forces pas et tu ne fais pas semblant… Tu parles peut-être des vins ? C'est vrai que l'on a envoyé des vins de traviole. Mais on a joué le jeu des vignerons natures qui s'installaient. Ils n'étaient pas nombreux et il fallait les aider. »

Quelles sont tes adresses aujourd'hui à Rennes ?

Chris : « Moi, j'aime La Mirlitantouille ou La Berzingue. Je m'y retrouve tellement. Tu peux boire, tu peux rigoler… Il parait qu'il y a des endroits où je fais peur aux gens… alors j'y vais moins. Moi, j'aime les choses simples dans l'assiette. Ah ça, des concepts, tu en as, mais des assiettes simples et goûteuses, c'est moins facile. J'aime beaucoup Fezi aussi. »

Tu te vois revenir dans le jeu ?

Chris : « Non, à Rennes, c'est terminé. Si je le fais un jour ce sera dans une autre ville, moyenne, tranquille… Mais non, je n'ai plus envie. J'ai aimé la cuisine mais c'est aussi beaucoup de souffrances, dans la régularité, dans les appros, dans la curiosité… Moralement et physiquement, c'est dur. J'ai fait 17 ans de métier mais j'ai l'impression que ça a duré 2 ans. Donc, j'en garde quand même un souvenir magique. »

Bombance

Pas facile de passer après l'ovni Rewined, cette formidable cave à manger tenue par Émeline Macé partie désormais régaler chez Glaz, à Pont Croix, dans le Finistère. Pas facile car ce Rewined avait une âme, des vins délicieux, de bons frichtis sans prétention concotés par Clémence (Friand à Rennes), etc. Eh bien, le pari a été relevé par deux compères et leur jeune équipe à la tête de Bombance donc. Gaëtan Coculo, en cuisine, et Pierre Hollerich, en salle, s'en donnent à cœur joie pour envoyer une cuisine plutôt audacieuse accompagnée de vins naturels qui eux aussi bousculent un peu les palais rennais. Bombance est un restaurant qui fait aussi cave… voire cave à manger les soirs d'été sur la terrasse. Et un de plus !

On vous connait peu en ville, vous venez d'où Gaëtan et Pierre ?

Gaëtan Coculo : « Je suis originaire de Fontainebleau mais j'ai passé plus de 15 ans à Paris dans la restauration et notamment sept années dans le groupe Les Résistants où j'ai été sous-chef avant de prendre le poste de chef à l'Avant-Poste. Et puis, à un moment, on en a eu marre de Paris et nous voulions nous installer en Bretagne avec la famille. Mon père est Breton
et j'y ai passé toutes mes vacances étant jeune… »

Pierre Hollerich : « Et moi, je suis Rennais, enfin, du Rheu. J'ai fait le lycée hôtelier de Saint-Méen-le-Grand et, au départ, j'étais parti pour la cuisine. Mais des méthodes à l'ancienne m'ont vraiment dégoûté de ce métier alors, j'ai opté pour la salle. Je suis parti huit ans à Paris où j'ai travaillé au Frenchie, mais surtout à Fulgurance de Sophie Cornibert et son équipe, où je suis resté plus de trois ans dans une ambiance formidable, auprès de gens très humains. J'en garde un excellent souvenir avec, tous les trois mois, un nouveau chef qui arrive en résidence, c'est incroyablement motivant pour les accords mets et vins ! »

Et donc ce Bombance, c'est quoi au juste ?

Pierre : « C'est avant tout le rêve d'une vie d'ouvrir ce restaurant. Ce n'est pas anodin pour nous, on a vraiment envie de partager ce que l'on aime, la simplicité, l'audace, un lieu de vie avec de l'effervescence au comptoir… où l'on essaye de bousculer un peu les gens, dans les assiettes comme sur les vins… On voulait aussi un petit restaurant à taille humaine, avec une équipe resserrée. On est vraiment content avec Martin, qui vient de rejoindre l'équipe en cuisine, Louna, notre jeune apprentie, et Tanguy,

en salle. Et puis, le tout dans une ambiance où l'on parle fort au comptoir tout en gardant des coins *cosy*, à la bougie, pour les couples attablés. »

Comment bouscule-t-on les gens en cuisine et en vins ?

Gaëtan : « Eh bien, en glissant sur la table cette tarte au chocolat que tu viens de manger par exemple, accompagnée d'une glace au foin, et relevée de jus de viande et poutargue de bœuf. Nous avons pris le foie de bœuf que j'ai fait sécher, saumurer avant de le râper sur la tarte. Mais on a aussi des choses plus gourmandes comme nos tempuras de pleurotes qui

sont devenues un *must* ici ! De façon générale, nous allons essayer de nous démarquer sur les légumes et les plats végétariens que l'on souhaite bien construits et gourmands. »

Pierre : « … et en vins, c'est de faire découvrir des techniques de vinification, des vins oxydatifs, des macérations, des vins rouges très légers, des pétillants… toujours en nature et biodynamie. »

Qu'est-ce qui vous plait à Rennes ?

Gaëtan : « Ce qui est vraiment cool à Rennes, c'est la profusion de producteurs, je trouve. Dès qu'on en contacte un, il nous donne le contact d'un autre… Et puis, cela me semble aussi facile de s'intégrer : j'ai déjà contacté Origines ou encore Fezi. On sent une vraie dynamique et c'est précieux. »

Le Nabu-chodonosor

En 2023, une institution du bistro rennais a repris une autre institution rennaise. Jean-Marc Tatard s'est installé au Nabuchodonosor, ou, dit à la rennaise : Darry a repris le Nabu. Avec Rosemary Girard-Macé, également associée et en salle, ils jouent une partition bistrotière classique mais vraiment bienvenue dans un quartier de l'ultra-centre, à deux pas du Parlement de Bretagne, qui en manque cruellement. Que l'on s'entende bien, classique ne rime pas ici avec ennuyeux, oh que non ! Du classique comme ça, avec vol-au-vent, chou farci, œufs mayo, brioche perdue glace vanille, risottos Saint-Jacques, etc., on en prendrait facilement plusieurs fois par semaine ! Surtout attablé dans ce restaurant à l'ancienne aux boiseries chaleureuses. Ici aussi, au cœur de la ville, on peut se croire dans un quartier avec ses habitués comme ces profs du Conservatoire qui occupent la table près de la cheminée pour refaire le monde, des étudiants de passage, des commerçants pour le café et le croissant (de la pâtisserie 16 h 30 excusez du peu)… Un lieu de vie à la rennaise qui nous enchante d'autant que l'on peut aussi déborder sur la terrasse et se la jouer Nabu façon bar à vins… natures.

Comme tu l'as connu de 1993 à 2019 et encore maintenant, peux-tu nous faire un peu l'historique de l'évolution du bistro à Rennes ?

Darry : « Nous, on arrive avec le Tire-Bouchon en septembre 1993. C'est Christophe Boisselier qui arrive de L'Arpège qui l'ouvre avec Marianne et moi qui arrivait de chez Jacques Thorel, L'Auberge Bretonne deux étoiles Michelin à La Roche-Bernard. Ce n'est pas compliqué, nous sommes les premiers, à l'époque, à proposer du vin naturel à Rennes… et dans l'Ouest sûrement aussi ! L'Arsouille ouvre en 1997. Ça restait quand même pour des gens qui avaient un peu de sous. Pour caricaturer, je dirais qu'ils allaient chez Roellinger le weekend et chez nous la semaine. Nous avions une belle clientèle, plutôt des notables en fait qui fréquentaient aussi des restaurants traditionnels, le Pica qui ouvrait jusqu'à 6h du matin, la Taverne de la Marine… Ah si, le Café Breton a ouvert en même temps que nous. Grosse adresse aussi à Rennes. Mais, jusque dans les années 2005 – 2010, ça se comptait sur les doigts d'une main les bons bistros. Aujourd'hui, on observe une quantité et une diversité incroyable de bons restaurants, notamment dans le vin nature, que bien d'autres villes nous envient ! Et même ceux qui n'ont pas une carte entière de vins naturels, quand ils ont trois ou quatre références de blancs et de rouges, on est souvent certain de trouver de la qualité. »

Est-ce que cela reste l'apanage d'une certaine clientèle aisée ou est-ce que ça s'est un peu démocratisé ?

Darry : « On a toujours ces notables qui ont les moyens et qui font vivre la scène rennaise, c'est évident. Ils fréquentent désormais davantage les bistros que les restaurants traditionnels et c'est une bonne

nouvelle. mais on a aussi de plus en plus de jeunes de la trentaine ou moins qui viennent manger. Ils s'intéressent à la bouffe. Ce midi, j'avais un jeune tout seul : il a pris juste un plat avant de partir en cours ! »

Qu'est-ce qui t'a poussé à reprendre une affaire à Rennes après 26 ans de Tire-Bouchon ?

Darry : « Le lieu, uniquement le lieu. Je ne serais pas revenu pour aller ailleurs. Je ne voulais pas revenir à Rennes. Mon rêve était d'ouvrir un hôtel dans le Morbihan. »

Et apparemment, tu as bien fait de revenir, non ?

Darry : « Ah oui, je suis ravi de retravailler à Rennes. Je trouve que la ville a aussi bien évolué en producteurs. Il y a beaucoup plus de marchés qu'avant, que les Lices sont plus qualitatives et qu'il y a énormément de bons producteurs plus faciles à trouver.

Et en cuisine, quelle est l'idée au Nabu ? Tu n'es pas cuisinier mais tu donnes le LA ?

Darry : « On peut combiner ici plusieurs moments, servir une cuisine plurielle : notre petite formule du midi, une restauration de terrasse dans l'esprit bar à vin avec de la *finger food*, de la charcuterie, des club-sandwichs… et notre ardoise du soir avec notre semainier : pâtes le mardi ; mijoté le mercredi ; chou farci le jeudi ; vol-au-vent le vendredi ; retour du marché de la mer le samedi midi et pièce de viande à rôtir le samedi soir. »

Si l'on a parfois envie de changer du Nabu, tu as des adresses à nous conseiller ?

Darry : « Le Nabu ! (Rires). Non j'aime beaucoup Chez P'tit Louis. L'ambiance, la cuisine, des assiettes à partager où l'on goûte plein de choses, les vins… J'aime ce qui s'y passe. Et puis, il y a surtout la gentillesse dingue d'Elsa. Non, mais elle est formidable cette fille ! Et Chez Paul évidemment. J'aime ces restaurants où l'on peut s'installer au comptoir. Tout seul ou à deux, je privilégie le comptoir. »

AVIS DE RENNAIS

Carole & Laurent

Carole et Laurent. On peut dire sans se tromper que vous êtes le couple le plus connu des restaurateurs rennais, non ?

Carole Barbier : « C'est vrai que nous passons un peu notre vie dans les restaurants… Nous y allons au moins trois fois par semaine, c'est notre passion, on aime ça. »

Laurent Taburet : « Et nous y allons la plupart du temps seuls, au comptoir, quand il y en a un. On aime la convivialité, on adore observer les cuisiniers, échanger avec eux et rencontrer des gens. Rennes, c'est un village et la gastronomie, un petit monde, alors on rencontre un peu souvent les mêmes… »

Quel a été le déclic ? Vous avez toujours été au restaurant ?

Carole : « Mon père était grossiste dans l'agro-alimentaire et on allait manger au moins une fois par semaine au restaurant. Et j'ai toujours aimé ça. »

Laurent : « Et moi, j'ai une grand-mère et une maman qui cuisinaient divinement bien. J'ai appris à cuisiner comme ça, dans leurs jupes. Le tout complété par un grand-père épicurien qui passait son temps au restaurant. Il m'a refilé son virus. »

Carole : « On a toujours été souvent au restaurant mais le virus c'est Perrine, à l'époque du Café des Bricoles, qui l'a déclenché en nous faisant connaître l'Arsouille de Chris. Il y a 16 ans de cela et depuis on ne s'est plus arrêtés… »

Laurent : « Le premier soir, Chris me regarde et me dit : “Tu as une bonne gueule toi, tu me plais bien.” Il a ouvert un magnum de Moulin à Vent que l'on s'est enfilés tous les deux. J'ai toujours aimé Chris, même avec ses défauts. C'est lui qui nous a orienté vers les vins naturels et, aujourd'hui encore, on se voit souvent, je l'aide à cuisiner ses piments. »

Quels sont vos types de restaurants ?

Carole : « Plutôt les bistros. On aime la convivialité, les produits de qualité, les vins naturels. On choisit d'ailleurs en fonction de la carte des vins. Nous ne sommes pas trop restaurants gastronomiques… »

Alors, vos adresses préférées à Rennes ?

Carole : « Pour nous Pénates est le meilleur restaurant de Rennes. Tu es assuré de manger de bons produits, on y est toujours bien accueillis. On ne demande pas des courbettes, mais une petite parole, ça fait plaisir… »

Laurent : « Et les plats tournent vraiment. Tu peux y venir plusieurs fois par semaine sans soucis, tu n'y mangeras jamais la même chose. »

Carole : « Ensuite, on aime beaucoup Chez P'tit Louis, Fezi, Le Bocal… Récemment, on s'est régalés chez Caravane Palace, Pépin et chez Tête d'Ail. »

On peut dire que vous faites partie du milieu, non ?

Carole : « Eh bien, presque, c'est vrai… Elsa de Chez P'tit Louis nous a invités lors de son repas de fin d'année avec son équipe chez Tête d'Ail. On était un peu gênés quand même… »

Les Darons

Huit années que les Darons cuisinent à Rennes sans faire trop de bruit. Ces Darons rennais, ce sont Sophie et Vincent Guillemot, anciens de La Tête de lard à Rennes et de l'Adresse à Cesson-Sévigné. Une ambiance de bistro nouveau tranquille, des habitués venus parfois de loin et beaucoup de passage. Un chef que l'on croise au marché des Lices, plutôt timide mais avec de belles sorties lorsqu'il est en confiance. Un habitué du Marché à Manger… Bref, un restaurant inscrit dans sa ville, entre hier et aujourd'hui.

La broche, qui faisait l'âme des Darons lorsque vous avez ouvert il y a 8 ans, semble avoir rendu l'âme pour l'instant… C'est l'âme des Darons qui est à l'arrêt, non ?

Vincent :« On s'adapte ! Et contrairement à ce que les gens pensent, nous ne faisons pas uniquement de la viande. Les Darons ne sont pas marqués par un type de produit. Depuis le début, nous avons ouvert notre carte à un plat viande, un plat poisson et un plat végé. Et d'ailleurs, ce dernier fonctionne très bien. On préfère le réfléchir en amont du service, sinon tu te fais déborder et tu fais un empilement sans intérêt de légumes. La butternut rôtie, mousse parmesan et crumble parmesan marche vraiment bien en saison.
Et puis, il y a les plats en sauce, les viandes au four… Là je viens de prendre un demi-agneau avec le Nabu par exemple. »

Vous qui êtes présents dans le microcosme de la cuisine rennaise depuis 24 ans, comment jugez-vous l'évolution de la cuisine à Rennes depuis ce temps ?

Vincent : « Elle se boboïse. Le TGV, l'effet « comm » que certains journalistes exercent sur la restauration rennaise (sourires)… On est devenu la terre d'aventure de tous les Parisiens et autres qui déboulent en se disant Rennes est à la mode. Je trouve ça génial, ça enlève le côté figé de ce qu'était la restauration rennaise il y a 20 ans, tenue par quelques grands pontes, où on faisait à peu près tous la même chose.
A l'inverse, si tu n'es pas dans le moule, tu passes à côté. Mais, cette attitude conviviale bobo vis-à-vis de la clientèle c'est quelque chose qui me gêne aussi parfois : on va te tutoyer tout de suite, on va te servir du vin sans savoir ce que tu bois, ni savoir combien tu payes… Il faut se sentir à l'aise et parfois avoir les moyens dans ces endroits et ce n'est pas donné à tout le monde. »

Est-ce stimulant quand même cette évolution ?

Vincent : « Ça nous donne un sacré coup de pied au cul ! On a réussi à tous créer une dynamique entre chefs, il y a Nourritures, le Marché à Manger, Les Toqués de Mythos… on est contents de se retrouver. Et ça, c'est plutôt sympa, ce qui n'existait pas forcément autrefois à part faire partie du club des coincés, des étoilés, etc… Les clubs de restaurateurs se tiraient la bourre à l'époque. »

Quelles sont vos tables à Rennes ?

Sophie : « La Petite Ourse ! Et dernièrement, on a très bien mangé à Bombance. »

Verbatims

« On va se prendre du passage ! Vous êtes prêts les gars car on va se faire secouer. »

« Je vous laisse choisir une table de 2… enfin une, prenez la même, ça m'arrangerait »

« Vous n'avez pas réservé ? Cela risque d'être plus cher. Je vais voir ça avec la Daronne, mais gardez le sourire, ça va le faire. »

AVIS DE RENNAIS

Pierre

Avec son franc-parler qui peut en désarçonner plus d'un, Pierre Marchand s'est forgé une solide réputation dans le bistro rennais. Son domaine, c'est la salle, le contact, les vins naturels. Derrière cette grande-gueule stylée se cache un vrai gentil avec de fortes convictions et surtout un amoureux du bien-manger et des gens. Après avoir régné des années sur la terrasse du Café du Port, Pierre Marchand ouvre une nouvelle page de la cuisine rennaise avec Coup de Foudre.

D'où te vient ce naturel avec les gens ?

Pierre : « On part souvent d'où l'on vient pour expliquer les choses. Moi, j'ai grandi à la campagne, à Saint-Aubin d'Aubigné. Lorsque tu vas jouer au foot en bas, tu te mélanges avec tout le monde et tu t'adaptes. Et puis, mes oncles avaient des bistros. J'ai baigné dans la bouffe : j'étais habitué à voir des gens avec de l'argent, à observer leurs comportements… Alors aujourd'hui, je suis assez à l'aise en toutes situations et avec tout le monde. Et comme j'aime dire : " ne sois pas mal élevé avec moi, cela ne marchera pas… "».

Comment es-tu arrivé dans le monde du bistro rennais ?

Pierre : « À 30 ans, j'étais dans l'assurance et j'en avais marre en fait de ce métier. Je me suis formé à la restauration. J'ai kiffé. J'ai commencé à bosser dans une brasserie avec du volume où tu apprends à gérer tes frigos. J'étais en cuisine à l'époque et, un jour, Anthony Martin de l'Entonnoir est venu me débaucher. Je faisais les entrées et les desserts, c'était Mike le chef (Mickaël Gloasguen, aujourd'hui traiteur avec Eat Machine). Ça n'a pas duré… Alors, je suis allé voir Nicolas Corre du Café du Port pour qu'il m'embauche. Nico avec Chris de l'Arsouille, c'était vraiment mes potes, c'est toujours le cas d'ailleurs. Nico m'a donné pleine confiance de ton et de parole au Café du Port. J'ai vraiment apprécié… »

C'est là que tu as découvert les vins naturels ?

Pierre : « Ah non, mon premier rapport avec les vins naturels, c'était Chris à l'Arsouille. On en a bu des mauvais mais j'aimais ce côté rebelle. C'est fou l'évolution qu'il y a eu dans ce domaine d'ailleurs : le vin nature ça fait 20 ans que ça existe et 10 ans que tu en trouves partout. J'ai de vraies convictions sur le sujet, mais je ne me braque pas pour autant, j'explique… Pour autant, j'ai du mal à comprendre les gens qui viennent dans des bistros qu'ils savent portés sur les vins natures et qui continuent à te faire des réflexions… »

C'est tout l'art de la salle d'expliquer les produits, les choix faits…

Pierre : « Dans mon travail, il faut être sincère. Quand tu sais que ton vin n'est pas dingue et bien tu ne le mets pas. Et une bouteille à 40 ou 50 € tu l'annonces à tes clients et tu ne leurs dis pas " je vais vous mettre un bon petit jus… ". Moi, ce qui m'intéresse, c'est que la personne kiffe un produit dans lequel je crois gustativement et politiquement. S'il n'aime pas, on va trouver autre chose. Mais en tout cas, il ne faut pas les prendre pour des lapins. »

La sincérité et l'échange avec les clients…

Pierre : « Je parle tout le temps avec les gens, mon *one man show* est bien rodé et j'improvise beaucoup aussi ! Si tu ne fais pas ça, ton métier n'a aucun sens. Parfois, je me plante complètement. Des gens me regardent en se disant " mais qu'est-ce que c'est que ce mec " lorsque je leur dépose l'assiette en leur lançant " bon courage ! ". Mon métier je l'aime pour toutes les valeurs qu'il y a dedans. »

Que penses-tu de l'évolution du bistro à Rennes ?

Pierre : « Je trouve ça magnifique ! Je trouve que les gens font enfin du vrai *sourcing*, qu'on a des gens qui tapent dedans et en même temps, une véritable entraide. Il y a plein de petites familles que je comprends totalement. En fonction souvent des générations, d'autres approches. Mais partout, une volonté de bien faire… Mais, la question qui se pose c'est : comment va-t-on réussir à vivre en payant convenablement les salariés, sans faire une cuisine élitiste au niveau des prix ? »

Et sinon, on en parle de tes tatouages ?

Pierre : « Ah ça, c'est Virginie Javoise, ma tatoueuse. Il y a une bouteille de vin évidemment, une huître où il est écrit « *hangover rescue* », sauvetage de gueule de bois… Un diamant lorsque ma fille Thelma est née… C'est ma chérie qui m'offre des tatouages pour mon anniversaire. »

Le Hibou

Théo Serre n'est pas issu des filières classiques de la restauration. Pas d'école hôtelière mais des études longues dans l'urbanisme et l'aménagement paysager. « Je suis allé bosser en bureau, mais ça ne me convenait pas… » L'amour de la cuisine et des amis cuisiniers le décide à tenter sa chance en alternance. Il rencontre Cédric Bruneau à Fezi qui croit en lui et l'embauche directement. « J'y suis resté un an, il m'a appris toutes les bases de la cuisine et au-delà. Je lui dois beaucoup. » Quelques mois à Racines et l'envie de tenir un poste, d'imaginer des plats, « de me débrouiller seul » l'amènent au Hibou il y a un an et demi. À 31 ans, Théo Serre n'a que trois années de cuisine derrière lui…

Ce jour-là, une fois de plus seul dans sa minuscule cuisine planquée derrière le bar animé du Hibou, Théo s'active sur sa mise en place. Son débit de paroles est aussi rythmé que ses gestes. Il roule et découpe la pâte des gnocchis maison qu'il va tout à l'heure déposer sur un bouillon de shiitakés déshydratés et relever de feuilles d'ail des ours. De l'autre côté de son petit passe s'ouvrant vers le bar, ses acolytes barmen l'aident à découper les feuilles de betteraves. Le service débute à 18 h pour les planches et 19 h pour les assiettes.

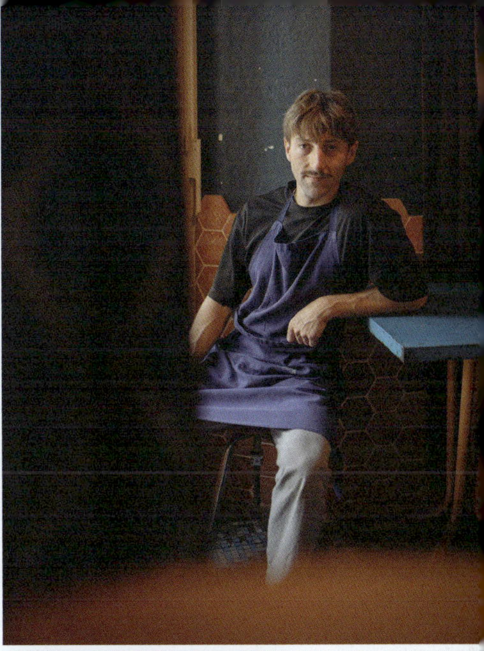

Au Hibou, on ne mange donc pas uniquement des planches ?

Théo Serre : « Il y en a évidemment, et c'est même ce qui part le plus. Mais je suis là pour proposer autre chose le soir. L'idée est d'avoir une carte courte autour d'une viande, un plat végé, souvent un poisson, et des tartinables genre houmous. Toutes les semaines, on a deux ou trois plats qui vont varier. Des petites assiettes généralement faciles à partager comme ce soir avec les asperges en tempura et mayo à l'ail des ours. Il y aura aussi des brochettes de poulet sauce teriyaki fermentée, ketchup de betterave et prune umebashi... »

Effectivement, on est loin de la planche !

Théo : « On essaye de s'amuser et de faire plaisir tout en restant dans nos marges mais avec de bons producteurs comme les fromages Maliguen, les saucisses de la ferme de la Lande, les champignons d'Amyco à Pacé... Je fais aussi beaucoup de cueillettes comme l'ail des ours par exemple que je ramasse dans un coin de Dinan. Là, dans le sandwich du jour, je fais mon propre jambon, je désosse, ficelle, le nappe avec une confiture d'orange au whisky et je le cuis au-dessus d'un lit de cidre. Servi avec un carré du Meu de chez Maliguen, une moutarde au miel et de la roquette, c'est vraiment bon ! »

Tu as trouvé un vrai moyen d'expression en cuisine au Hibou ?

Théo : « Oui, j'essaye pas mal de choses : on échange beaucoup avec Titouan et Juliette (à l'époque cuisiniers au Saint-Germain et partis depuis).. Je suis en apprentissage car je n'ai pas de culture culinaire. Lorsque j'ai débarqué chez Fezi je les entendais parler de plein de chefs et je n'en connaissais aucun. Alors, comme lors de mes études, j'ai bossé dans les livres. J'ai emprunté beaucoup de bouquins aux Champs Libres et j'ai bûché. Je me nourris des recettes que je vois ici et là, comme récemment avec le livre de Claire Vallée. J'adore la cuisine végétale ! Et puis, on est à Rennes et le dynamisme de la cuisine est vraiment fort, c'est enrichissant pour des personnes comme moi. J'aime beaucoup ce que fait Romain Joly, par exemple, à Origines. Je m'ouvre à tout sans aucune barrière... »

Tête d'Ail

Ouvert dans l'année 2024, Tête d'Ail semble être un condensé de cette cuisine à la rennaise. Un néo-bistro avec du *sourcing*, un bon cuisinier (Joris Le Bigot passé notamment par le Bristol, Le Prince de Galle avec Stéphanie Le Quellec et le groupe Daimant Collective), des plats ouverts à tous les régimes alimentaires avec notamment du végan cuisiné et vraiment bon, des vins naturels et une jolie carte de cocktails, une ambiance qui peut monter dans les tours en fin de service… Un soupçon de rap US ou de hip-hop en playlist, un cadre agréable, et voilà une autre bonne adresse pour enrichir la scène culinaire rennaise.

À sa tête, deux copains de 27 ans tous les deux, Joris Le bigot, en cuisine, et Paul Henry, en salle, qui envoient une carte des plus inclusives : en entrée, en plat ou en dessert, il y a systématiquement un choix pour les omnivores, les végétariens et les végans, le tout emballé dans une cuisine des plus créatives à l'image de cette panisse frite et gourmande, espuma de petits pois, croustillant avec les oignons frits et les shitakés, ce « cochon tonnato » câpres croustillantes poudre de citron ou encore cet œuf mollet frit, crémeux de chou-fleur curry sauvage et oseille. On sent que ce Tête d'ail en a sous le pied et reflète assez bien, au final, l'avenir de la scène rennaise. Qualitative, ouverte et joyeuse !

Vous pouvez nous en dire plus sur votre duo ?

Joris Le Bigot : « Nous sommes originaire de Fougères pour moi et Martigné-Ferchaud pour Paul et nous nous sommes rencontrés au lycée hôtelier de La Guerche-de-Bretagne avec Gwendal Boivent qui est aussi en cuisine avec moi. On a fait notre bout de chemin Paul et moi mais nous nous étions fait une promesse de gamins au lycée : ouvrir un restaurant tous les deux à Rennes. Et voilà ! »

Quelles ont été les sources d'inspiration de Tête d'Ail ?

Joris : « L'idée a évolué avec le temps. Au final nous avons pris La Mirlitantouille pour le côté bistro convivial et *sourcing* ; Petite Nature pour la cuisine végan et végétale ; Java pour le restaurant festif. On a compilé un peu tout ça pour donner Tête d'Ail. »

Comment s'est passée votre installation ?

Joris :« Avant d'ouvrir, nous avons passé un mois à visiter et rencontrer les producteurs. Cela a été un moment exceptionnel ! Régis Despres à Retiers, Le Champ de Brume à Amanlis, la ferme Pradenn à Melesse où nous avons rencontré toute la famille qui est formidable, etc. Et puis, nous sommes allés manger à droite et à gauche : Chez P'tit Louis, Bombance, Java, La Mirlitantouille, etc. C'est fou comme la ville a évolué depuis qu'on l'avait quittée. Les gens sont sympathiques, tout le monde se tire vers le haut : il ne semble pas y avoir de concurrence malsaine, en tout cas, tout le monde est content pour nous aujourd'hui. »

C'est une évidence pour vous de proposer du végan sur la carte ?

Joris :« Oui, car nous avons plein d'amis qui sont végan, végé et nous qui mangeons de tout. C'est aujourd'hui la réalité de la société. Et puis, en cuisine, c'est une habitude à prendre et surtout pas compliqué de cuisiner végan. Je ne le prends pas comme une contrainte. Pour l'espuma de petits pois par exemple, j'ai pris du lait d'avoine et de l'huile d'olive. Il n'y a rien de sorcier et les trois ans à la tête du groupe végan Daimant Collective et une année dans un restaurant argentin végan m'ont fait un bien fou. Prenons aussi le jus de champignon sur le mille-feuille sarrasin et pleurotes rôties. C'est un jus totalement végan avec des « carcasses » de légumes bien caramélisées, un moulin à purée pour extraire le tout, de la sauce soja pour le côté umami et la longueur en bouche... Et tu le colles avec une huile d'olive et de la farine comme une beurre manié. L'idée est d'utiliser les techniques de la cuisine classique et de les appliquer aux légumes. »

Titouan Panaget

Derrière sa barbe rousse, son mulet, sa gouaille et son caractère bien trempé, Titouan Panaget n'est jamais passé inaperçu dans les cuisines de Ima, de Pénates ou encore, récemment, du Saint-Germain à Rennes, qu'il a contribué à animer avant de partir vers d'autres aventures culinaires du côté de Vitré. Passionné de foot (il a ses habitudes en tribune Mordelles au Stade Rennais) autant que de cuisine, ce diplômé de l'université de Cardiff, est même un vrai militant du bien-manger pour toutes et tous.

Est-ce que tu peux nous parler de ton expérience en cuisine ?

Titouan : « Mon parcours ? Eh bien, après ma licence de management, j'ai fait un C.A.P. d'un an au Balthazar. Et puis, j'ai répondu à une candidature de Julien Lemarié à Ima où j'ai passé un an et demi. Ah, ça m'a calmé ! À 22 ans, j'ai plongé d'un coup dans le gastronomique. Mais en même temps, le chef n'a rien caché, on savait où on allait… vers l'étoile. Après Ima, je suis parti un an travailler dans un vignoble australien avant que Pierre Lucas, que j'avais connu chez Ima, m'appelle pour me proposer le projet Pénates. Il n'y avait pas cinquante projets pour lesquels je serais rentré… J'ai fait l'ouverture de Pénates et j'y suis resté deux ans – super moment – avant de rejoindre l'équipe des Sardines à la Plage d'Adélaïde Perrisel, à Lancieux. J'ai vraiment aimé ! Une belle expérience, ne serait-ce que de sortir de Rennes, rencontrer de nouvelles personnes, de nouveaux producteurs, des nouveaux clients, etc. Et c'est là-bas que Jean-Louis Serre est venu me parler de son projet au Saint-Germain où je suis resté un peu plus d'un an… »

Avec un premier poste de chef au Saint-Germain donc ?

Titouan : « Oui. Au début, j'ai travaillé en collaboration avec Juliette Le Roux qui a travaillé à Ima, Peska… Après, j'avais carte blanche pour composer une ardoise resserrée autour de quatre plats et des planches avec de bons produits. Là-bas, j'ai proposé des focaccias maison et pesto à l'ail triquètre de mon jardin, des brochettes de navets nouveaux, tarama d'œufs de maquereaux et labneh, des maquereaux brûlés fromage blanc, graines de courges torréfiées huile de coriandre, du houmous… Et à chaque fois, des sandwichs ou burgers avec du pain de mie ou des buns faits maison. J'ai beaucoup aimé le burger que l'on a fait avec Juliette, aux encornets frits avec une sauce gribiche. »

Qu'est-ce qu'il te plaît à Rennes, en cuisine ?

Titouan : « Dès que je suis arrivé à Rennes, j'ai eu la chance d'assister à un vrai bouleversement de la cuisine avec plusieurs nouvelles têtes qui ont débarqué en ville. Ces nouvelles personnes ont apporté leur dynamisme, ils avaient tout à prouver et se sont fait une place : Romain Joly à Origines, Sibylle et Greg à Bercail… En parallèle, il y avait des gens qui confirmaient comme Julien Lemarié et Virginie Giboire. C'est l'alchimie de plusieurs générations, plusieurs façons de voir les choses. Je trouve qu'il y a encore de la place pour tout le monde à Rennes. Et ce qu'il y a de bien aussi ici c'est que, ok tu as ton travail dans la cuisine, mais tu peux aussi en sortir grâce aux nombreux événements culinaires. C'est cool, ça te permet de rencontrer d'autres personnes, de vivre la ville pleinement. »

Tout semble te ravir à Rennes ?

Titouan : « Il manque par contre de la vraie *street food* faite par des gens qui connaissent la *street food*. Une famille chinoise qui fait de vrais raviolis… Je ne cherche pas la street avec des produits sourcés mais un truc un peu crado et bien fait, vraiment authentique. Pas de la *street food* gentrifiée. C'est vraiment un truc de bobo que de vouloir de la *street food* avec de la bonne came. À Marseille, ils arrivent à installer des gens populaires dans des locaux pour faire leur *food*, mais ici ça manque… »

Camille Paigier

Pas facile d'être « fils de », surtout à Rennes et encore plus dans une brasserie si connue que Léon le Cochon qui attire tout ce que la ville compte de notables, politiques, journalistes, etc. Bref, Camille Paigier cumule, d'autant que le cuisinier de 28 ans est du genre réservé… plutôt l'inverse du profil paternel, Yann Paigier, omniprésent sur la scène de la restauration rennaise. Mais voilà, Camille montre que cette génération qui fait bouger les lignes de la cuisine rennaise, peut aussi faire « frissonner » des institutions. On ne va pas dire bouger ce serait un bien grand mot tant la carte de Léon est quasi inscrite dans le marbre, mais il apporte sa part.

La cuisine semblait une voie assez évidente pour toi non ?

Camille : « Non en fait. Mon père ne voulait pas que je vienne à ce métier. J'ai donc commencé par une formation générale… avant de vite bifurquer vers la cuisine avec BTS au lycée hôtelier de Dinard avec des stages chez Nicolas Adam, La Vieille Tour à Plérin, et Michel Trama, L'Aubergade à Puymirol. Et puis, en 2019, je suis revenu chez Léon. »

C'est facile d'arriver en cuisine chez Léon le Cochon ?

Camille : « Avec mon parcours, je me pensais meilleur que les autres et mon père m'a mis un peu trop haut trop vite aussi. Alors évidemment, je me suis mis la brigade à dos, c'était compliqué… Mon père m'a conseillé d'aller chez Régis et Jacques Marcon. Cette maison formidable a été un tournant. J'y suis resté deux ans, travaillant à la fois dans le bistro et dans le restaurant gastronomique 3 étoiles… Avant de revenir chez Léon ! »

Avec davantage de recul et d'expérience à ce moment-là, pour que cela se passe mieux non ?

« Tout me semble plus simple car je n'ai plus de pression. Il y a une bonne équipe : sur le papier, je suis second et Johnny Pottigan, qui est là depuis le début avec mon père, est le chef. Mais j'amène des idées et il y a plus d'interactions avec les producteurs. »

Ce n'est pas facile néanmoins d'apporter sa personnalité sur une carte comme celle de Léon ?

Camille : « J'ai proposé un menu midi et soir accessible, j'ai réduit un peu plus la carte… Mais les classiques restent omniprésents : le petit jésus en culotte de velours, les pieds de cochons, les abats, la pièce du boucher… Je fais évoluer à la marge… des garnitures comme cette purée fumée et pommes paille. Si tu t'arrêtes sur tes idées sans écouter les autres ça ne marche pas. Il faut arrondir les angles. »

On imagine que tu aimerais amener davantage de ta personnalité en cuisine ?

Camille : « Oui, mais ce n'est pas forcément chez Léon que ça se passera. J'aimerais bien faire mon bout de chemin, me détacher de cette maison… dans le bistro avec de belles techniques en cuisine. »

Adresses des restaurants

Alaska
14, rue Dupont-des-Loges
35 000 Rennes

Báhn Báhn
Foodtruck en mouvement, liste des emplacements : https://www.banhbanhrennes.com/

Bloom Pop
34, rue des Munitionnettes
35 000 Rennes

Bombance
23 rue de la Chalotais
35 000 Rennes

Café 1802
34, rue d'Antrain
35 700 Rennes

Café Albertine
10, rue Comté de Lanjuinais
35 000 Rennes

Caravane Palace
13, rue Saint-Georges
35 000 Rennes

Chawp Shop
18, place des Lices
35 000 Rennes

Chez P'tit Louis
9, rue Saint-Louise
35 000 Rennes

Chez Paul
30, rue Poullain Duparc
35 000 Rennes

Désordre
18, rue Georges Charpak
35 000 Rennes

Fezi
42, avenue Sergent Maginot
35 000 Rennes

Friand
18, boulevard de Beaumont
35 000 Rennes

Gang
8, rue de la Parcheminerie
35 000 Rennes

Graille
27, boulevard de Verdun
35 000 Rennes

IMA
20, boulevard de la Tour d'Auvergne
35 000 Rennes

La Mirlitantouille
12, rue Nantaise
35 000 Rennes

La Petite Ourse
48, boulevard de la Liberté
35 000 Rennes

Le Bocal
6, rue d'Argentré
35 000 Rennes

Le Hibou
10, rue Dupont-des-Loges
35 000 Rennes

Le Marché à Manger
Chaque premier dimanche du mois
La Criée – Marché Central
Rue Jules Simon
35 000 Rennes

Le Nabuchodonosor
12, rue Hoche
35 000 Rennes

Les Darons
16, rue Baudrairie
35 000 Rennes

Les Toqués de Mythos
Chaque année, en avril
Jardins du Thabor
35 000 Rennes

Louise
12, mail Louise Bourgeois
35 000 Rennes

Oh My Biche
3, rue du Puits Mauger
35 000 Rennes

14, mail François Mitterrand
35 000 Rennes

Origines
2, rue de l'Hôtel-Dieu
35 000 Rennes

Passages
Place Clara Zeitkin
35 000 Rennes

Pénates
17, rue Paul Bert
35 000 Rennes

Pépites !
204, avenue Georges S. Patton
35 700 Rennes

Peska
19, rue Saint-Malo
35 000 Rennes

Petite Nature
1, place de la Rotonde
35 000 Rennes

Racines
4, passage Antoinette Caillot
35 000 Rennes

Tête d'Ail
34, rue Vasselot
35 000 Rennes

Crédits iconographiques

Toutes les photographies sont d'Olivier Marie exceptées celles en pages 6, 8-9 et 11 (hg) : © Romain Joly.

Remerciements

Je remercie toutes les actrices et tous les acteurs rennais du bien manger ainsi que Fabienne, Victor et Edgar, évidemment !

Éditions **OUEST-FRANCE**

Directeur Vincent Lorant
Éditeur Jérôme Le Bihan
Coordination éditoriale Lise Corlay
Collaboration éditoriale Louise Thermoz
Conception My fish is fresh
Mise en page Éric Mahé
Photogravure Graph&ti, Cesson-Sévigné (35) • Impression SEPEC, Péronnas (01)

© 2024, Éditions Ouest-France, Édilarge SA, Rennes
ISBN 978-2-7373-9084-5 • N° d'éditeur 11179.01.2,5.10.24
Achevé d'imprimer en France en octobre 2024
Dépôt légal : octobre 2024
editions.ouest-france.fr